中等职业教育幼儿保育专业（新标准）规划教材

普通话与教师口语

尹华云　张　越◎主编

编委会

主　编　尹华云　张　越
副主编　桂玉高　庞青松
编　委（按姓氏笔画排序）
王　丹　卢　亮　张　云　魏　坤

长江出版传媒　湖北科学技术出版社

图书在版编目(CIP)数据

普通话与教师口语 / 尹华云，张越主编 . —武汉 : 湖北科学技术出版社，2023.8
ISBN 978-7-5706-2429-4

Ⅰ. ①普… Ⅱ. ①尹… ②张… Ⅲ. ①普通话—口语—教材 ②教师—口语—教材 Ⅳ. ① H102 ② H193.2

中国国家版本馆 CIP 数据核字 (2023) 第 070904 号

责任编辑：李 彤
责任校对：秦 艺　　封面设计：曾雅明

出版发行：湖北科学技术出版社
地　　址：武汉市雄楚大街 268 号（湖北出版文化城 B 座 13—14 层）
电　　话：027-87679468　　邮　　编：430070

印　　刷：湖北新华印务有限公司　　邮　　编：430035

787×1092　1/16　11.5 印张　270 千字
2023 年 8 月第 1 版　2023 年 8 月第 1 次印刷
定　　价：32.00 元

前言

“普通话与教师口语”课程是幼儿保育专业类学生的必修课，是指导保育师（员）、幼儿教师语言规范和口语运用的重要学科。新时代的保教工作人员不仅要具备较强的婴幼儿照护保育技能，也要有良好的口语表达和沟通交流能力。编者结合新时代中职幼儿保育专业人才培养规格及中职学生实际编写本教材，以满足广大中职学校、技工学校、培训机构在幼儿保育专业教学方面的需求，同时满足幼儿园、早教机构在教师、保育师、保育员招聘考试等方面的需求。

本书编写遵循了中共中央办公厅、国务院办公厅印发的《关于推动现代职业教育高质量发展的意见》中关于“改进教学内容与教材”的理念，主要体现为：

一、重视思政，凸显立德树人。明确了教材是教育内容和教育思想、教育目标的主要载体，是集中体现国家意志和社会主义核心价值观的主阵地，是学校教育教学活动的基本依据，直接影响人才培养质量。本教材在设计、编写过程中，注重了将社会主义核心价值观基本内容和优秀传统文化等有机渗透，能实现课程育人的基本功能。

二、精选内容，发展核心素养。知识内容遵循中职生学习认知基本规律，本着必须、够用的原则，既体现语言文字、汉语口语、保育师（员）和幼儿教师口语基本知识的学习传承，也体现中华文化的博大精深。实训内容注重选取积极阳光、健康向上、灵动活泼、明理启志的训练素材，使学生在轻松愉悦的学习训练活动中，逐步形成强烈的责任担当意识和爱家爱国情怀。

三、优化体例，注重能力培养。坚持理论联系实际，按照学生今后的工作实际和岗位需求，充分考虑“岗课证”一体培养的有机融合。教材按照“项目－任务”式体例编写，共分普通话与教师口语基础、普通话知识与测试训练、一般口语交际训练、教师口语交际训练、体态语言训练五大项目，每个任务的学习活动又由案例导入、知识准备、技能实训、任务拓展、活动评价五部分构成，全书结构合理，内容充实，理论清晰，实训丰富，职业性突出，可操作性强，是一本口语训练与其他学科学习相结合、基础训练与拓展训练相结合、理论学习与综合能力素养提升相结合的实用教材。

本书可作为中职学校、技（术）工学校、培训机构幼儿保育专业教材，也可作为社会从业人员考证及业务培训参考用书。

本书在编写过程中参考、借鉴、引用了国内外许多专家、学者和一线教师的著述、作品和案例，在此一并表示感谢。由于编者能力和资料有限，教材难免有不足之处，为进一步提高本教材质量，欢迎广大师生在使用过程中提出宝贵意见和建议。

编者

2023 年 8 月

目录

目录

项目一

普通话与教师口语基础

语言是人类重要的交际工具，是思维的载体。人们借助口头或书面的语言来沟通思想、交流感情、传递信息。口语是教师职业中最常用、最基本的工具。0 ~ 6岁是婴幼儿语言发展的关键期，普通话是教师的职业语言，更是幼教工作者的职业语言。语音清新优美、语法严谨规范、语言形象生动、情感丰富细腻的教学口语，是打开婴幼儿心灵之门的钥匙，是引领婴幼儿走向快乐的阶梯，是开启婴幼儿心智的启明灯，更是提升婴幼儿思维能力的重要工具。作为幼教工作者，要对幼儿的语言能力和思维能力进行启蒙，必须具备良好的口语水平。

本项目主要介绍一般口语与教师口语的特性、幼儿教师口语的特征、普通话的含义、学习普通话对于幼教工作者的重要意义以及学习的方法，明确普通话是教师的职业语言。

任务一　口语与教师口语

案例导入

阅读下面这则短文，体会口语的特点。

著名儿童教育家孙敬修老先生在给孩子们讲故事时，特别注意故事语言的口语特征。他经常对故事的原稿做合理的改动，以使它更适宜讲述。比如，有一个故事原稿是这样的：

蔚蓝的天空，没有一丝云。一条潺潺的溪水从卵石中间穿过，卵石在清澈的水中忽隐忽现，清晰可见。溪边端坐着一位长者，面庞清瘦，双目炯炯有神。

给孩子们讲述：

嘿，这天可真蓝哪！一点儿云彩也没有。有一条小河哗哗啦啦地流着。这水可清亮啦！水里有好些圆石头，像鸡蛋似的，人们都管它叫卵石，这些卵石在水里可以看得清清楚楚。在河边坐着一个老头儿，长得虽然瘦，可是挺结实，那双眼睛可有精神啦！

因为听故事的对象是孩子，所以孙敬修老先生把原来的书面语改成了口语，用词通俗，句式灵活，用了拟声词、叠音词和语气词，表达生动形象、自然亲切，不仅使孩子们一听就懂，而且增加了孩子们听故事的兴趣。

【知识储备】

一、口语及其特点

口语，就是口头言语，即说出来的话语。口语是语言的基本形式，是以语音为载体的；书面语是在口语的基础上形成的，是口语的加工形式，是以文字为载体的。口语表达是一名教师必须具备的基本能力，无论教什么学生，教哪门课程，都需要教师有良好的口语表达能力，能用准确、清晰、流畅的语言传授知识、启迪智慧。反之，如果一名教师语言不准确、清晰、流畅，缺少与学生交流的能力，哪怕这名教师才华满腹，也难以达到理想的教学效果。因此，教师口语表达能力的强弱，直接关系到教学工作效率的高低与成败。

口语主要有以下几个特性。

（一）有声性

口语是口头交际使用的语言，主要靠每个字的读音和整句话语调高低快慢的变化以及其他特殊的语调综合呈现。因此，口语是一个由语音表现的音节、词、句构成的达意传情系统。基于这一特性，口语表达时，说者可以通过调整音调、变换节奏、控制音色和音量等方式使声音丰富多变，从而达到更好的表达效果。

（二）即时性

口语即时性强，现想现说，往往缺少仔细考虑，因而语句短小，结构简单，甚至不完整，有重复、脱节、补充、插说、冗余等现象。同时，说出去的话像泼出去的水，想收也收不回。有时候两人交流时，说者讲话，话还没说完，前面的声音已经消失了，听者摄取信息不全，致使交流难以继续下去。因此，口语交际中，表达者应该力求运用简单明了、通俗易懂的语言，以便双方及时准确地把握彼此传递的信息。

（三）情景性

口语主要用于面对面的交往，使用时有特定的情景。同样一个词语或者句子，在不同的情景下，表达的意思就可能不同，听者需要依据语境做出准确的理解。有很多意思彼此可以意会，有时说者说出个别词就能代替全句，甚至没有吭声，只是一个面部表情或沉默不语，也能使听者了解自己的思想和感情。

（四）多变性

口语表达是语言交流的双向活动，具有临场的动态性。口语交际过程及内容往往由参与者共同调节，特别是在对话中，七嘴八舌，唇枪舌剑，说者和听者都可以随机应变，因情而异。说者要根据交流中的各种反应随机应变，灵活调整，从而使整个交流过程顺利地进行下去。

（五）复合性

口语是运用语言和非语言因素的复合行为，是音、义、情、态的有机结合。语音是口语表达的实体形式，通过音高、音强、音长和音色的丰富多变的组合，形成了丰富多变的语调、语气和节奏，传达出不同的意义信息和情感信息。口语表达常常还借助手势、表情等非语言因素的帮助传递出不同的信息。因此，听人讲话，不光要听语音、辨词义，还要看对方的动作和表情，从听觉和视觉两方面获取信息。

二、教师口语

（一）一般教师口语及其特征

教师口语，也称教师职业口语，是指教师在日常工作中经常使用的语句，是用标准或比较标准的普通话表达符合教育教学要求的教师工作用语。它包括教师在从教过程中使用的教学口语、教育口语，也包括与教学、教育工作相关的口语，即在教育、教学活动中运用的一系列口语表达方式与口语技能、技巧。

教师口语的基本特征体现在三个方面。

1. 口语语体与书面语体的结合

口语与书面语在语言学上是两个不同的概念。前者作用于人们的听觉，后者作用于人们的视觉，前者存在的方式是语音，后者存在的方式是文字。教师口语就是这两种语体特点的结合。

2. 单向表述语言与双向交流语言的结合

单向表述语言与双向交流语言是教师职业口语的两种主要表现形式，教师应当能自如地转换这两种语言表述形式。

3. 预设语言与应变语言的结合

一般来说，教师语言是预设性的，即教师在说话前一定是经过精心准备的，课前应已认真备课和反复熟悉教案，清楚要讲的重点和难点。但是，教师语言也有随意的一面，具有灵活应变性。随意的一面是指教学中教师在按照准备好的教案或讲稿上课时往往会面临一些突发状况或问题，这时不能拘泥于教案或讲稿，照本宣科，而是要根据课堂情境做随机性的变化，临场发挥，或调或改或增或减，能够较为熟练地运用应变语言的技巧。

（二）幼儿教师口语及其特征

幼儿教师口语是幼儿教师从事教育教学的工作用语，即使用标准的普通话表达的符合教育教学要求的幼儿教师专业用语。它既要符合教育教学的一般规律，又要符合幼儿个性心理特征与认知发展规律，以达到特定的教育教学目标的要求。

幼儿教师口语是幼教工作者的语言工具，是联系幼教工作者和幼儿的纽带，是幼儿教师在工作中展示给幼儿的语言典范，同时也是幼儿教师在工作中和同事交流、与幼儿家长沟通的重要手段。幼儿教师口语属于教师口语的一个分支，它既有别于一般的交际用语和其他种类的工作语言，也和广义上的教师口语有一定的区别。幼儿教师口语除了具有教师口语的共性外，在某些方面又显示出其独特之处，也比一般教师口语的要求更高，主要表现在以下几个方面。

1. 语言表述的规范化

幼儿的心智尚不健全，理解能力弱，模仿能力强，他们基本不具备辨识能力，语言学习主要靠模仿。如果在这个阶段，教师给幼儿一些不恰当的示范或引导，那么幼儿很可能会重复类似的错误，甚至形成不良的语言习惯。因此，幼儿教师语言的规范和准确尤为重要。幼儿教师的语言规范见表 1–1。

表 1–1　幼儿教师的语言规范

语言规范	具体要求
语音标准	使用标准、规范的普通话，做到发音准确、吐字清晰，不念错字、别字，不使用方言，避免出现将普通话与方言语音混淆在一起的“方音普通话”
用语规范	用词恰当、准确，不使用方言词汇和未经国家有关部门认可的网络词汇，也不能生造词语或使用不规范的儿童语
语法规范	语句通顺，符合现代汉语语法规范，避免出现成分残缺、搭配不当、用词不当、前后矛盾、语序混乱等语病

范例

在小班“神奇的纸棒”教学活动中，教师发现一个小朋友将教师提供的纸棒放在嘴边说话，便对其他幼儿说：“刚才老师看见有位小朋友把小嘴巴对准纸棒在说话呢，现在我想请你们每个人找一个好朋友，一个对着纸棒说话，另一个用小耳朵听，听听你的好朋友说了些什么？”幼儿玩了一会儿后，教师提问：“小朋友听到你的好朋友说的话了吗？”幼儿纷纷抢着回答，教师小结：“这个长长的、圆圆的、空心的纸棒，能把我们说的话传出来，我们给它取一个名字叫传声筒。”

教师运用了“长长的”“圆圆的”“空心的”三个词准确地描述了传声筒的特征，简洁明了，符合幼儿的认知水平，并且教给幼儿一个正确规范的名词——传声筒。

2. 内容传达的形象化

法国教育家卢梭曾说：“在达到理智的年龄以前，孩子不能接受观念，而只能接受形象。”幼儿的思维是形象的、直观的，主要凭借事物的具体形象或表象进行联想、想象，他们还不太容易理解抽象的概念和空泛的说理，常常要借助自己感知的直接经验来理解语言的含义。幼儿的注意力不易集中，以无意注意为主，有意注意时间短暂。幼儿教师口语必须生动有趣，易于幼儿理解，才能吸引幼儿注意，进而激起他们学习模仿的欲望。因此，幼儿教师要善于把抽象的概念具体化，深奥的道理形象化，借助拟人、比喻、夸张等艺术手段，对要传达的内容进行具体形象的描述，使事物的特征更加明显，事理呈现更加生动形象。

范例

在小小班，老师发现总有小朋友将鞋子穿反了，于是就借用儿歌《穿鞋子》教小朋友如何正确地穿鞋子。老师说："小朋友们，我们今天来认识两个好朋友，它们就是我们的鞋宝宝，大家看，穿对了，高兴得头碰头；穿反了，生气得背对背。我们穿鞋子的时候，要让它们头碰头，这样它们才能在一起高兴地玩耍。来，大家一边跟着老师念儿歌，一边将我们的鞋子穿好……"

幼儿教师巧妙地运用了比喻和拟人的手法，将如何穿鞋子表述得具体形象、生动有趣，使幼儿极易出错的行为在教师充满意趣、简单易学的语言引导中得以有效纠正。

适当使用肢体语言，以眼神、表情、动作等"第二语言"来辅助说话，也是语言形象化的重要因素之一。有研究表明，人们交流信息时，语言、文字的作用只占45%，面部表情这个无声语言传递的信息量占55%。对于幼儿这个接收信息的主体来说，教师动态直观的表情动作，是帮助他们理解语意、激发情感、展开联想的重要媒介。教师声情并茂的讲解、绘声绘色的描述不但可以吸引幼儿的注意，还可以激起他们的学习兴趣，引发他们的情感共鸣，帮助他们更加深入且准确地理解。

范例

老师讲述《鸭妈妈找蛋》的故事，讲到"谁见了都说'啊，多可爱的蛋呀！'"时，高傲地抬起头，不停地拍动"翅膀"，乐得"呷、呷、呷"地叫。讲到鸭妈妈忘了在哪儿生的蛋了时，又低着头前后左右地寻找，并焦急地跑来跑去。讲到"今天，今天，我还没生过蛋呢！？"时，脸上又流露出恍然大悟，随即难为情的表情……

老师这些肢体语言的合理运用，增强了故事的感染力，吸引了幼儿的注意，激发了他们对故事情节的浓厚兴趣。

3. 表达方式的儿童化

幼儿教师面向幼儿说话时，要考虑到幼儿的可接受性，使用的语言要适合幼儿的年龄特征，易于幼儿理解和接受。

（1）浅显易懂，适合幼儿的理解水平。幼儿的语言理解能力和应用能力还处在初始化水平，所以幼儿教师口语在词语和句式的选择上都要从幼儿的年龄出发，运用他们能够理解的词汇，能够听明白的句式，力求通俗明白，浅显易懂。

范例

在早期教育认知领域活动"好玩的红色"中，幼儿教师在教给12～18个月的幼儿认识颜色的时候，语言就以"这是红色""这不是红色"为主，教幼儿认识红色，并通过不断地强化训练，让幼儿能够辨识红色，并能听指令做动作。

幼儿年龄小，认知能力、理解能力有限，幼儿教师在使用语言时应当避繁就简，简洁明了，特别是与婴幼儿对话时，更应该尽量使用结构简短、词汇涉及范围小的语句。

在词汇的选择上，多用具体可感的名词和动词，少用表示抽象意义的词汇；多使用幼儿喜爱的形象鲜明又朗朗上口的拟声词、叠音词，以及可以表现喜爱情感的儿化词，便于幼儿听懂记住。

范例

在引导幼儿做“摇摆大龙球”的活动中，幼儿教师带领18～24个月的小朋友们认识大龙球时这样说：“宝贝们，今天老师给大家带来了一位新朋友，我们一起打个招呼吧！哦，它叫什么？它的名字叫大——龙——球。你们可以摸一下它……是的，它圆圆的、软软的……它一弹一弹的……它还可以滚来滚去……”

幼儿教师用“圆圆的”“软软的”“一弹一弹的”“滚来滚去”四个词语向18～24个月的孩子介绍大龙球，简单、通俗，符合这个年龄阶段幼儿的认知水平，便于幼儿理解。

对于小朋友，老师不要使用生硬或具有讽喻意味的语言，以免伤害孩子幼小的心灵，使孩子对老师误解和反感。

范例

幼儿园里，牛牛又在教室的墙上画画，李老师看见了，生气地说：“你画得很好吗？又在墙上乱画！这擦也擦不掉，简直是搞破坏，马上给我到座位上坐着，等你妈妈来了我就跟你妈妈说……”牛牛害怕地低下了头，眼里蓄满了泪水，过一会儿，他又继续偷偷地在地上画。这时，刘老师发现了，她走过来蹲在地上看着牛牛画的画，亲切地说：“呀，这是你画的吗？让我猜猜这是什么？这是小飞机吗？可惜了，如果画在纸上，我可以把它装到你的书包里，你可以带回家给爷爷、奶奶，还有爸爸、妈妈一起看；我还可以把它和你的其他画一起订起来，做成画册……”牛牛听了马上停止了在地上涂画的行为，反而积极地在纸上练习。

显然，李老师的话只能让幼儿感受到老师的生硬和凶煞，对幼儿并不能起到教育引导的作用；相反刘老师的话让幼儿感受到了老师的和蔼和亲切，幼儿反而更容易接受老师的引导。老师充满肯定和鼓励的话语，不仅能呵护幼儿稚嫩的童心，还能有效地告诉幼儿怎样做才是正确的。

（2）富有童趣，符合幼儿的认知特点。幼儿心智发展尚未健全，思维与成人不同，认识感受事物的方式也有其独特性。他们探索世界的主要途径是游戏，常沉浸在自己的主观世界中。由于生活经验的限制，幼儿对事物的认识往往是片面的、幼稚的，他们的语言也常常具有“孩子气”。此外，幼儿的注意力水平较低，新鲜有趣的事物才能引起他们的关注。因此，和幼儿交流时，教师的语言要生动活泼，充满趣味，要用他们能够理解又感兴趣的表达方式，吸引他们的注意，进而关注教师话语的内容，让他们在积极愉快的情绪中接受教师传递的信息。

范例

在早期教育社会性发展指导“我会应答”的活动中，老师说：“小朋友们，今天我们要做一个有礼貌的小天使。表示礼貌时有很多种方法，比如在别人喊我们的时候，能大声地回应就是一种礼貌，下面我们来看看小动物们是怎么做的。”接下来，老师就绘声绘色地给小朋友们讲述了《大声回答“哎”》的故事，并组织小朋友们玩点名字的游戏。游戏结束后，老师说：“小朋友们都很有礼貌，点到名字都能做出回应。下面，请被老师点到名字的小朋友，变成——小白兔，蹦蹦跳跳地去洗手……再点到名字的小朋友，请你变——成——小花猫，静悄悄地去洗手。”

老师抑扬顿挫的声调，妙趣横生的表述，再加上惟妙惟肖的表情和动作，牢牢抓住了幼儿的注意力，让幼儿积极参与到游戏活动中，实现了教学目标。

范例

琪琪今年快三岁了，马上又要接种疫苗了，可是妈妈说她每次接种疫苗都很抗拒，让家里人很头疼。今天，琪琪班的万老师给大家上了一节《接种疫苗保健康》的安全课。老师先给大家播放了《超级宝贝 JOJO》中“勇敢打疫苗”的片段，万老师对小朋友们说：“宝贝们，大家说 JOJO 是不是很勇敢？我们是不是也应该向 JOJO 学习？打疫苗是将许多能打败病毒的小士兵送到我们的身体里，它们打赢了，病毒就被消灭了，我们就不会生病。所以我们要让医生帮助我们，把这些小士兵送到我们的身体里去保护我们。打疫苗的时候开始会有点凉凉的，也有一点点痛，但是只要我们像 JOJO 那样伸出小胳膊，从“1”数到“5”就好了……”

幼儿的认知思维是一种以自我为中心的思维，他们总是生活在现实和理想交叉的世界中，将万事万物看作是有生命、有感情的东西。万老师根据幼儿的认知特点，借助幻想、拟人等表现手法，使表达方式充满童真童趣，易于幼儿理解和接受。

总之，幼教工作者不仅要能够说一口标准的普通话，日常口语表达清晰、流畅、生动、得体，还应学会与幼儿进行有效交流，在幼教机构日常教育管理工作中，能够针对幼儿的年龄特征和心理特点，恰当地运用口语，实现教育目标。

【技能实训】

1. 说出下面书面词语相对应的口语词语。

肩部	祖母	诞辰	天幕	愉悦	追逐
称赞	仰仗	俊俏	清晰	黝黑	凄冷

2. 如果你到早教机构去实习，面对 24 ~ 30 个月的幼儿，你会怎样介绍自己？

3. 分析下列案例中教师口语的运用情况。

区角活动结束了，在老师的招呼下，小朋友们都把手中的玩具送回玩具柜收好，只有佳佳还沉浸在游戏中，拿了好多玩具放在身边。这时候，黄老师没有用命令的语气让佳佳收拾玩具，而是拿了装玩具的整理箱推到佳佳面前，说："天要黑了，玩具幼儿园放学了，看，送小玩具回家的汽车来了。佳佳，让你的小鸭子、小狗熊上车吧，要是它们赶不上车不能回家该多着急呀！"佳佳听了老师的话，连忙把身旁的玩具一个一个收到了玩具整理箱里，他还对玩具招招手，说："你们快回家吧，明天再跟你们玩儿！"

4. 尝试合理运用幼儿教师口语与同学进行交流训练。

【任务拓展】

根据幼儿教师与幼儿沟通时应注意的六点，说说在下面这些情况下你会怎样使用教师口语。

1. 熟记幼儿的名字给予关爱。能随口叫出幼儿名字是教师打开幼儿心灵之门的第一把钥匙，也是进行沟通的基础。

第一次与幼儿沟通时，我会这样说：

（1）____

（2）____

2. 选用适当的语言夸赞、鼓励幼儿。教师与幼儿沟通时，应该选择幼儿容易听懂的字词句，用词要准确，表达要完整、具体。

如果要表扬幼儿时，我会这样说：

（1）____

（2）____

3. 目光与幼儿直接接触。有经验的教师通常会用目光来和幼儿进行交流，幼儿能通过老师的眼神明白老师要说什么。在与幼儿进行交流与沟通时最好的办法就是蹲下来与幼儿交流，让幼儿感觉到老师的关爱，感觉自己与老师是平等的。

面对内向、胆小的幼儿，我会这样说：

（1）____

（2）____

4. 说话语调和语速要适当。对于幼儿而言，教师说话抑扬顿挫会使交流效果更好，更能激起幼儿交流的兴趣。同时，语速要适中，不能太快，也不能太慢；音量也要适当，只要让每个幼儿都能听清楚就可以了。

在教育犯了错误的幼儿时，我会这样说：

（1）____

（2）____

5. 说话时语气要和善。教师与幼儿沟通时轻言细语，幼儿会感觉到温暖，也更容易接受教师说的话。

此外，为了更好地达到沟通效果，教师可以适当制造悬念，让幼儿的注意力更为集中。

活动课上，贪玩、好动的淘淘又开始捣乱了，我会这样对他说：

（1）____________________

（2）____________________

6. 用心倾听幼儿的心声。在语言活动中，我们常常引导幼儿学会倾听，而我们自身却经常忽视这一点。在与孩子交流的过程中，我们要做好榜样，用心倾听孩子的心声。

面对受了委屈而一直不开心的幼儿，我会这样说：

（1）____________________

（2）____________________

【活动评价】

请结合本次任务完成全过程，对自己的学习进行客观评价。

评价指标	评价结果	备注
1. 基本了解口语及其特点	优秀□　良好□　一般□　合格□	
2. 基本了解一般教师口语及其特征	优秀□　良好□　一般□　合格□	
3. 基本了解幼儿教师口语及其特征	优秀□　良好□　一般□　合格□	
4. 掌握了幼儿教师一般口语技巧	优秀□　良好□　一般□　合格□	
5. 能积极主动完成本次学习活动	优秀□　良好□　一般□　合格□	
综合评价：		

任务二 普通话是教师的职业语言

案例导入

有一人到外地出差，路遇一妇人在河边哭喊："我的孩子掉水里去了！我的孩子掉水里去了！"他大惊失色，忙奋不顾身跳入水中，捞了半天只捞到了一只鞋子，举起问妇人："哪里有你的孩子呀？"妇人见鞋，喜道："那不就是我的孩子嘛！"原来，当地的方言里管"鞋子"念作"孩子"，结果让那人为了一只鞋子成了"落汤鸡"。

在这个全民普及普通话的时代，不会讲普通话会受到诸多限制。方言和夹杂方言的普通话常常会闹出笑话，在交流中造成困扰或者误解。把"鞋子"念成"孩子"这样的笑话比比皆是，这也告诉我们讲一口标准而流利的普通话非常重要。作为一名幼儿教育工作者，教师不仅要用标准的普通话开展教育教学工作，而且还要用自己规范优美的口语给幼儿起到榜样和示范作用。

【知识储备】

一、普通话的含义及形成

（一）普通话的含义

1955 年 10 月在"现代汉语规范问题学术会议"上正式提出把"普通话"定为汉民族共同语。1956 年 2 月，国务院发布《关于推广普通话的指示》，正式确定普通话的具体含义为"以北京语言为标准音，以北方话为基础方言，以典范的现代白话文著作为语法规范的现代汉民族共同语"。普通话的"普通"是普遍、通用的意思，而"共同语"是指一个社会全体成员共同使用的语言。

"以北京语音为标准音"——这是从语音角度定义的，即：用北京语音系统来统一现代汉语的语音，以普通话审音委员会给每个汉字确定的北京话读音为规范的读音，并不是北京话每一个字的读音。例如北京话把"告诉"说成"gào sòng"，就使其他方言区的人难以接受。还有，北京话里儿化音、轻声特别多，普通话没有必要全部吸纳，因此也要加以规范。另外，北京话里还有异读音现象，例如"侵略"一词，有人念"qǐn lüè"，也有人念成"qīn lüè"；"附近"一词，有人念"fù jìn"，也有人念成"fǔ jìn"，这也给普通话的审定带来许多麻烦。从 1956 年开始，国家对北京土话的字音进行了多次审订，制定了普通话的标准读音，当前应该以 2016 年公布的《普通话异读词审音表》（修订稿）以及《现代汉语词典》（第 7 版）为语音标准规范。

"以北方话为基础方言"——这是从词汇角度定义的，即：当各地对同一事物有不同称呼时，一般以北方方言中比较通行的词为标准。这并不是说，凡是北方话词语都可以进入普通话，有些地方性很强的词语，就不应该吸收到普通话里来，例如将“肥皂”称为“胰子”。为了丰富词汇，普通话也要从方言、古代汉语和外来语中吸收一些流行较广的词语。近年来，国家语言文字工作委员会正在组织人力编写《现代汉语规范词典》，将对普通话词汇进一步做出规范。

“以典范的现代白话文著作为语法规范”——这是从语法角度定义的。“典范”就是排除不典范的现代白话文著作；“白话文”就是排除文言文；“现代”就是排除五四运动以前的早期白话文；“著作”就是指普通话的书面形式，它建立在口语基础上，但又不等于一般的口语，而是经过加工、提炼的语言。

（二）普通话的形成

据文献记载，早在2700多年前的春秋时代，汉语就有了比较大的方言分歧。秦代以后，国家虽基本统一，但一直存在局部的封建割据情况，社会生产力发展迟缓，限制了不同地区之间的交往，逐渐形成了近代方言的分布格局，这种状况给政治、经济和文化生活带来了极大不便，非常需要一种共同语的诞生。

其实，汉民族共同语的碰撞融合早就开始了。一般来说，一个统一民族的共同语是方言在经济集中和政治集中过程中碰撞融合而形成的。汉语的历史发展，表现在形成共同语的过程方面也是这样。我国古代的政治经济中心基本都在北方中原地区，共同语的形成就是以中原地区的方言为基础，以王朝京城所在地的地方话语音为标准音。如先秦时期以“成周”（洛阳）方言为基础的“雅言”；秦和西汉时期以关中方言秦语为基础的“通语”；东汉时期的洛阳话、唐代的长安话、宋代的汴梁（开封）话等，都曾先后成为大家能懂能说的共同语。只是这些共同语主要通行在官僚士大夫之间，并没有推广到全国各地各阶层人民中去。到了明清两代，社会生产力发展了，出现了比较发达的商品交换，社会政治经济有了进一步的集中，官吏和商人往来南北各地，北方话不断向西南和东北扩展，使用人口不断增加，逐渐发展成为汉民族共同语的基础方言，成为号称“官话”的全国性的交际工具。同时，在这种“官话”的基础上出现了大量的白话文学作品，如吴承恩的《西游记》、曹雪芹的《红楼梦》等，丰富了汉民族共同语的文学语言，促进了北方话的传播。金、元、明、清四代相继定都燕京（北京），为汉民族共同语的标准语言提供了稳固的方言基础。

中华人民共和国成立后，在中央政府的直接领导下，《汉语拼音方案》的拟定工作就开始进行。1955年，中央有关部门召开全国文字改革会议和现代汉语规范问题学术会议，明确了现代汉语的规范，指出汉民族共同语已经形成，那就是以北京语音为标准音，以北方话为基础方言，以典范的现代白话文著作为语法规范的普通话，并大力提倡说普通话。

普通话是在以北京话为代表的北方方言的基础上形成和发展起来的，但它不等于北京话或北方方言，因为它不仅规范了北京话和北方话自身存在的一些分歧，使之更加明确、更加一致，而且还吸收了其他方言以及古代汉语、外来语中的有用成分。因此，普通话比任何方言都更丰富、更完善。

二、普通话与方言

（一）汉语的方言与方言区

我国是个统一的多民族国家，地域辽阔，人口众多，由于社会历史状况和地理条件的制约，不同地域的经济文化发展不平衡，语言的发展也显示出差异。古代社会因为自然环境的阻隔，交通不便，不同地域的人们往来交流很少，语言沟通受限，相对封闭的生活形态，形成了内部分歧明显的方言。现代汉语方言的差异很大，情况复杂，语言学家根据方言的不同表现特点，对汉语方言进行归类分区，大致分为北方方言、吴方言、湘方言、赣方言、客家方言、闽方言和粤方言七大方言区。汉语七大方言区见表 1–2。

表 1–2　汉语七大方言区

种类	内容
北方方言	又称“北方话”，以北京话为代表。它是汉民族共同语的基础方言，在汉语各方言中分布地区最广，使用人口最多，约占汉族总人口的 70% 以上。北方方言又包含华北东北方言、西北方言、西南方言和江淮方言四个次区方言
吴方言	又称“吴语”，以苏州话或上海话为代表，主要分布在上海、浙江省大部、江苏省，长江以南、镇江以东以及长江以北沿江地带
湘方言	又称“湖南话”，以长沙话为代表，主要分布在湖南省大部分地区（西北角除外）
赣方言	又称“江西话”，以南昌话为代表，主要分布在江西省大部分地区（东北沿江一带和南部除外）以及湖北省南部、东南部的大部分地区
客家方言	又称“客家话”，以广东省梅县话为代表，主要分布在广东省东部和北部、福建省西部、江西省东南部和广西南部
闽方言	又称“闽语”，是汉语七大方言中语言现象最复杂、内部分歧最大的一种方言。其分布区跨越四省，包括福建省大部分地区、广东省东北部和浙江省南部部分地区，以及台湾省大部分汉人居住区
粤方言	又称“粤语”，以广州话为代表，主要分布在广东省中部和南部，广西的东部、南部以及港澳地区

（二）普通话与方言的关系

普通话是现代汉民族的共同语，方言是主要用在口头上的地区性或区域性的语言变体，即汉语的地方变体。方言与普通话之间有着相依相存、密不可分的关系。

首先，方言是普通话的基础。方言历史悠久，它经历了漫长的演变才逐渐形成，它的形成与发展有社会、历史和地理的因素。不同方言带来的语言隔阂和交流障碍，促进了共同语的产生。共同语是在方言的基础上形成的，而又超越了方言。普通话以北京语音为标准音，摒弃其中不规范的土音；以北方话为基础方言，但不包括其中的土语。普通话在语音、语汇方面更加规范、优美、丰富，更具表现力。

其次，普通话与方言相互依存，相互影响。方言为普通话提供了丰富的养料，成为普通话的词库，普通话源源不断地从方言俚语中吸收大量有生命力的语汇，增强了语言的表现力。如东北话中的“忽悠”，吴语中的“嗲”，粤语中的“买单”等，都已经成为常见的普通话语汇。同时，普通话也为方言的保存、传播提供了保障。方言没有相应的文字作载体，它的语音、词汇都是口口相传的，需要借助普通话来标记语音和词汇。没有普通话这个共同语作媒介，很多方言无法记录，传播受到局限，就会逐渐走向衰亡。

最后，普通话与方言将长期共存，不可替代。国家推广普通话是为了消除语音隔阂，便于交流沟通，而不是为了消除方言。普通话和方言各有不同的生存空间和使用范围，以适应不同的需要。方言是各具特色的地域文化的基础，如中国数百种地方戏曲和说唱艺术形式都是以当地方言为依托的。方言本身也是一种文化，甚至是一种情结，具有相当的使用价值和文化价值。因此，普及普通话并不意味着要消灭方言。在处理普通话和方言的关系时，应坚持社会语言生活主体化和多样化相结合的原则。一方面，使公民普遍具备普通话应用能力，并在一定场合自觉使用普通话；另一方面，承认方言在一定场合具有其自身的使用价值，在日常生活中，让方言继续发挥增进乡情亲情的作用，在艺术领域中，使方言发挥繁荣民俗文化的作用。

三、国家推广普通话的意义

作为中华人民共和国的标准语言，普通话是入选联合国的工作用语，它与英语、法语、俄语、西班牙语、阿拉伯语并列为联合国六大工作语言，在国际交往与事务中发挥着重要的作用。

《中华人民共和国宪法》第十九条明确规定：“国家推广全国通用的普通话。”大力推广普及普通话是我国长期坚持的一项语言政策，对于社会的经济、政治和文化建设都具有重要意义。推广普通话的意义见表 1-3。

表 1-3　推广普通话的意义

具体方面	意义
国家象征	有利于增进各民族各地区的交流，有利于维护国家的统一，增强中华民族的凝聚力
交际工具	有利于消除语言隔阂、促进社会交往，有利于商品流通和经济发展
文化载体	有利于继承和弘扬中华民族的优秀文化传统，促进全社会的精神文明建设
信息载体	有利于推动中文信息处理技术的发展和应用

四、普通话是教师的职业语言

（一）普通话是国家法定的教师的规范用语

教师所从事的是“传道授业解惑”的特殊工作，语言是教师履行职责、完成使命的职业工具。普通话是现代汉语的标准语，也是教师的职业语言，同时也是国家法定的教师的规范语言。

《中华人民共和国通用语言文字法》第十条规定：“学校及其他教育机构以普通话和规范汉字为基本的教育教学用语用字。”第十九条明确规定：“凡以普通话作为工作语言的岗位，其工作人员应当具备说普通话的能力。以普通话作为工作语言的播音员、节目主持人和影视话剧演员、教师、国家机关工作人员的普通话水平，应当分别达到国家规定的等级标准；对尚未达到国家规定的普通话等级标准的，分别情况进行培训。”

《中华人民共和国教育法》第十二条规定：“学校及其他教育机构应当使用国家通用语言文字进行教育教学。”

《中华人民共和国义务教育法实施细则》第二十四条规定：“实施义务教育的学校在教育教学和各种活动中，应当推广使用全国通用的普通话。师范院校的教育教学和各种活动应当使用普通话。”

（二）普通话是合格教师的职业语言

教师既是教育工作者，同时又是语言工作者。一名合格的教师，除了必备的专业知识外，还需要有熟练的基本功，其中最基础的就是说标准或比较标准的普通话。各级各类教师资格证的认定过程中，对普通话都有相应级别的要求：

中小学及幼儿园、校外教育单位的教师，普通话水平不低于二级，其中语文教师不低于二级甲等，普通话语音教师不低于一级。高等学校的教师，普通话水平不低于三级甲等，其中现代汉语教师不低于二级甲等，普通话语音教师不低于一级。

对外汉语教学教师，普通话水平不低于二级甲等。报考中小学、幼儿园教师资格的人员，普通话水平不低于二级。师范类专业以及各级职业学校的与口语表达密切相关专业的学生，普通话水平不低于二级。

（三）普通话训练要贯穿教师职业口语训练的始终

普通话是教师的职业语言，能用普通话进行教育教学是教师的基本职业素养。普通话训练是教师职业口语训练的前提，是教师职业口语训练的重要组成部分。学说普通话，必须从方言中与普通话的差异较大的音和土俗的方言词改起，坚持练说，为教师职业口语训练打好基础。但是要达到标准的普通话的要求，并不是几节普通话课所能奏效的，它必须在教师职业口语训练过程中持续加强普通话训练，纠正不规范的发音、用词和句式表达，逐步提高普通话水平。

五、学习普通话的方法

学习普通话，不是靠盲目地自我练习，必须掌握一定的方法和技巧。

（一）克服心理障碍

普通话并不难学，难的是调整心理状态。许多同学在学习普通话时害怕出丑，或有畏难心理，这些心理障碍往往会阻碍学习的步伐。要想学习取得切实进步，必须及时调节心态，放下包袱，大胆开口。如果一味地退避畏缩，即使付出了时间和精力，也会收效甚微，还容易产生心理阴影，加重今后学习和生活的负担。总之，调整好心理状态，克服心理障碍，是学好普通话的重要前提。

（二）创造良好的语言环境

任何语言都离不开具体的语言环境，它直接影响和制约着语言的学习和应用。在学习普通话的过程中，我们一定要克服本地方言环境的负面影响，尽可能为自己创造一个有利的学说环境。要做好这一点，关键在于主观认识的加强。如果我们有了学好普通话的迫切要求，自然就容易对普通话产生特别的兴趣和高度的自觉性，寻找各种机会接触普通话，养成用普通话阅读和表达的良好习惯。

（三）掌握科学的学习方法

学习普通话的目的是能听、说标准的普通话，这就要求我们改变平时的方言听说习惯，形成一种全新的普通话听说习惯。这并非一朝一夕的易事，一方面我们要花大力气，下苦功夫，老老实实地学习，另一方面也应该采用恰当的学习方法。

1. 知识指导

有针对性地学习普通话语音、词汇和语法知识，以正确的理论指导训练，这是学好普通话的基础。掌握了语音知识就能知道每个声、韵、调以及每个字词的正确发音，了解语音之间、字词之间的发音差别以及它们之间的正误关系，从而提高辨别和判断语音的能力，掌握正确的发音方法。在普通话的学习中一定要用好汉语拼音这个工具，运用它来认读、标记、查考读音，矫正方音。要勤查字典，不懂就查，字典是我们很好的老师。理论和实践紧密结合，互相支持，是学习普通话必须遵循的原则。

2. 专业模仿

可以模仿专业普通话教师的语音语调，还可广泛利用普通话学习资源，如网络在线学习资料，中央电视台、中央人民广播电台新闻节目和优秀的影视剧、相声、小品等音像电子资料，在模仿正确的语音中进行学习。

3. 反复实践

说好普通话，需要大量的、反复的、科学有效的训练。具体方法包括用标准音熟读、背诵一些名篇佳作，积极参加朗读朗诵、演讲辩论、讲故事、说快板、说相声、歌唱、话剧、播音、主持等语言艺术训练比赛活动等，做到学以致用。

【技能实训】

1. 给推广普通话拟一则公益广告，不超过 20 个字。

2. 以“我是小小推普员”为话题，准备 3 分钟演讲，宣讲普通话的基本知识。

3. 分析下列案例，结合相关的教育法规，说说幼儿教师说一口标准、流利的普通话的重要性。

上海的一位幼儿教师应邀到某地进行示范教学活动。课前，他在每个幼儿的课桌上都放置了观察用的图片。上课时，他对幼儿说："小朋友，请把你们的图片拿出来！"小朋友却纷纷掀起了自己的上衣，露出了肚皮。老师很愕然，可是来不及细想，又按照自己的思路继续问道："小朋友，图片上面有什么？""肚脐眼儿——"小朋友们一起回答。听课老师笑倒一片，这位老师目瞪口呆：孩子们是怎么啦？原来是他的普通话不够标准，把"图片拿出来"说得像"肚皮露出来"，从而造成了幼儿的误解。

【任务拓展】

能说一口标准、流利的普通话，是一个合格的幼儿教师必备的素质。提升个人的普通话水平能力不是一朝一夕的事。古人云："预则立，不预则废。"请你为自己制订一个普通话水平能力提升计划，争取在明年的普通话水平能力测试中取得好成绩。

普通话水平能力提升计划

制订本计划的目的：____

____

____

个人普通话水平能力提升目标：____

____

____

____

具体措施：____

____

____

____

____

____

____

____

____

____

____

____

制订人：____________

制订日期：__________

【活动评价】

请结合本次任务完成全过程，对自己的学习进行客观评价。

评价指标	评价结果	备注
1. 基本理解普通话的含义	优秀□　良好□　一般□　合格□	
2. 基本了解普通话的形成过程	优秀□　良好□　一般□　合格□	
3. 基本了解国家推广普通话的意义	优秀□　良好□　一般□　合格□	
4. 理解教师学习普通话的必要性和意义	优秀□　良好□　一般□　合格□	
5. 知道学习普通话的基本方法	优秀□　良好□　一般□　合格□	
6. 能积极主动完成本次学习活动	优秀□　良好□　一般□　合格□	
综合评价：		

项目二

普通话知识与测试训练

语言文字从来就不单是一种交流工具。一种语言自产生以来，它就带有浓厚的民族意味，就是这个民族、这个国家的“灵魂”，这种语言就与这块土地以及这块土地上的人民血肉相连。爱国主义从来就不是空洞的口号，不仅体现在热爱祖国的一山一水、一草一木，还体现在热爱祖国的文化与传统，热爱本民族的语言。在中国特色社会主义现代化建设的进程中，大力推广、用心普及全国通用的普通话，有利于消除语言隔阂，促进社会交往和民族繁荣，对社会主义建设和发展都具有重要作用。教育工作者，尤其是幼教机构教师，更应担起学习普通话、讲好普通话、推广普通话的神圣职责。

学习普通话，就需要对普通话的基础知识进行全面了解。本项目将重点讲解普通话的语音、声调、声母、韵母、音节及其变化等，在系统介绍普通话知识和训练指导的基础上，对普通话水平测试进行介绍和指导。

任务三　普通话语音

案例导入

朗读下面的儿歌，感受普通话语音的美妙。

自然界的各种声音

天上下雨哗哗哗；
窗外打雷轰隆隆；
风儿吹过呼呼呼；
小溪流水哗啦啦；
汽车鸣笛嘀嘀嘀；
蜜蜂飞舞嗡嗡嗡；
开口大笑哈哈哈；
宝宝拍手啪啪啪。

【知识储备】

一、语音的性质

（一）语音的社会属性

语音具有表意功能，语音和语意的对应关系是人们在长期的语言实践中约定俗成的。所以语音具有社会属性，这也是语音区别于其他声音的重要标志，是语音的本质特征。

（二）语音的物理属性

语音是一种物理现象，是由人的声带或口腔器官的振动而产生的。语音的物理属性同别的声音一样，表现为音高、音强、音长、音色四个方面，这四个方面也称语音四要素。

1. 音高

音高是指声音的高低，它取决于发音体振动的频率。频率高，音就高；频率低，音就低。语音的主要发音体是声带，声带振动的频率同声带的长短、厚薄、松紧密切相关。一般说来，男人声带较长、较厚，所以声音较低；女人和儿童声带较短、较薄，所以声音较高；老人声带松弛，所以声音就更低些。人能够控制声带的松紧，因此，同一个人可以发出不同音高的声来。我们听到的尖嗓音和粗嗓音就是音高的区别。音高在普通话中既有区分声调的作用，如：方（fāng）、防（fáng）、纺（fǎng）、放（fàng），也有区别词义的作用，如：实施（shí shī）、事实（shì shí）、试试（shì shi）。

2. 音强

音强是指声音的强弱，它取决于发音体振动幅度的大小。振幅大，音就强；振幅小，音就弱。语音的强弱取决于发音时呼出气流量的大小，音强在普通话中的主要作用是区分轻声、重音及语调的上升和下降，从而表达不同的语义，如：利害（lì hài）——益处与害处；厉害（lì hai）——难对付。

3. 音长

音长是指声音的长短，它取决于发音体振动时间持续的长短。气流振动声带时间长，音就长；气流振动声带时间短，音就短。普通话里不同的音长，往往可以表达不同的语气和情态。

4. 音色

音色是指声音的特色，也称“音质”，它取决于声波颤动的形式，物体振动的形式不同，发出的音色也不相同。物体振动的形式取决于发音体、发音方法、共鸣器的形状三个方面。一是发音体不同，如：笛子和二胡声音不同，是由于笛子的发音体是笛膜，二胡的发音体是琴弦；二是发音方法不同，如：b和p发音的不同，是由于发音方法上b不送气、p送气；三是发音时共鸣器形状不同，如：i和o发音的不同，是由于发音时i不圆唇，o圆唇。在任何语言中，音色都是区别词义的最重要因素。

语音的音高、音强、音长、音色是交融在一起的，它们结合在一起就可以表达各种各样复杂的意思和丰富的思想感情。

（三）语音的生理属性

语音是人类通过发音器官振动和调节产生的声音。因此，从生理上了解发音器官的构造及其活动情况，弄清每个音的发音原理，是学好语音的重要前提。人的发音器官分为以下三部分。

1. 肺和支气管、气管

肺是呼吸气流的动力站，支气管和气管是气流的通道。发音时，肺部呼出的气流，通过支气管和气管到达喉头，作用于声带、咽、喉、口腔、鼻腔等发音器官，从而发出不同的声音。

2. 声带和喉头

声带是主要的发音体，喉头是发音时的成音部位。声带长在喉头的几块软骨中间，是两片富有弹性的肌肉薄膜。声带中间的空隙叫声门。发音时，气流冲出声门，声带就颤动发音。声带的松紧长短控制着声音的高低，气流通过的时间则决定着声音的长短。

3. 口腔、鼻腔和咽腔

口腔、鼻腔和咽腔都是发音的共鸣器。不同的声音是气流在口腔、鼻腔和咽腔受到节制形成不同共鸣的结果。口腔的构成部位很多，有上下唇、上下齿、上下齿龈、软硬腭、舌（包括舌尖、舌面和舌根三部分）和小舌，其中最灵活的部位是舌。鼻腔与口腔之间由上腭相隔。软腭上升贴住咽壁，让气流冲出口腔，可发口音；软腭下垂堵住口腔通道，让气流从鼻腔冲出，可发鼻音；若软腭不动，让气流同时从口腔和鼻腔冲出，可发口鼻音，也叫鼻化音，或叫半鼻音。咽腔位于口腔后部，它下通喉头，前连口腔，上通鼻腔，不仅有共鸣作用，还可以和舌根结合发出一些辅音。

学习普通话语音，必须熟悉发音器官的各个部位及其功能。（图 2–1）

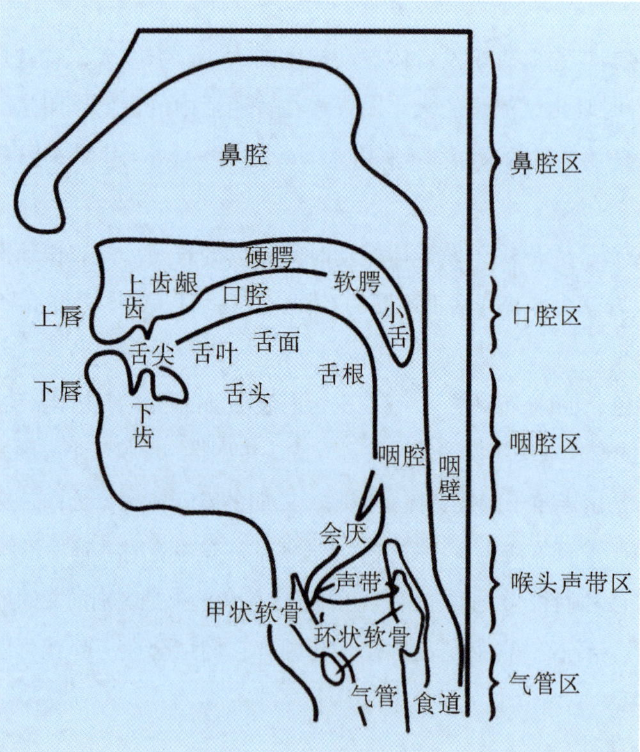

图 2–1　发音器官示意图

二、普通话语音系统

普通话的语音系统由声母、韵母、声调及其组合关系构成。

（一）音素、音位和音节

按现代语音学的分析方法，语音可以分为音素、音位、音节。

1. 音素

音素是人类语言从音色角度划分出来的最小语音单位。它是构成音节的基本单位，一个音节可以由一个音素构成，也可以由几个音素构成，一个普通话音节最多可以有 4 个音素（声母、韵头、韵腹、韵尾）。

根据发音特点（物理和生理）不同，音素可以分为元音和辅音两大类。

元音是发音时气流在口腔、咽头不受阻的音素，辅音是发音时气流受阻的音素。

发元音时，发音器官各部位肌肉保持均衡紧张状态；发辅音时，发音器官成阻部位肌肉特别紧张。发元音时，气流弱，声带颤动，声音响亮；发辅音时，气流强，声带一般不颤动，声音不响亮。

2. 音位

音位是一个语音系统中能区别意义的最小的语音单位。普通话的 /b/、/p/、/m/、/f/、/d/、/t/、/ɑ/、/o/、/e/ 等是普通话语音系统中划分出的音质音位，普通话的声调则是 4 个非音质音位。

3. 音节

音节是听觉上最容易分辨出来的语音的自然单位，是语音最基本的结构单位。从听觉上看，一个音节相对独立于另一个音节，听觉上能自然感受到。一般情况下，汉语中的一个汉字就是一个音节，如“学”（xué）。音节在听觉上很容易分辨，但它不是最小的语音单位。音节再继续划分，就会得出语音中最小的单位——音素。比如“jiɑ”是个音节，继续划分就得出 /j/、/i/、/ɑ/ 3 个音素。

（二）声母、韵母和声调

按汉语语音学传统的分析方法，可以把语音划分成声母、韵母、声调这些语音单位。

1. 声母

声母是一个音节开头的辅音。没有辅音声母的音节，称作零声母音节。普通话共有 21 个辅音声母。

2. 韵母

韵母是一个音节声母后边的部分。一般来说，一个汉语音节中可以没有辅音声母，但不能没有韵母。普通话共有 39 个韵母。

3. 声调

声调是一个音节高低升降的变化形式。普通话有 4 个声调，即阴平、阳平、上声、去声。

普通话的声母和辅音并不等同，韵母和元音也不能混谈。声母、韵母是汉语传统声韵学的两个基本概念，元音和辅音是现代语音学的两个概念。

汉语普通话的声母都由辅音充当，而 n 既可作声母，又可作韵尾。ng［ŋ］一般只作韵尾，在“啊”

的变读中，可起声母作用。例如“好冷啊”中的“啊”读作 nga [ŋɑ]。

汉语普通话的 10 个单韵母 [ɑ、o、e、ê、i、u、ü、-i（前）、-i（后）、er] 都由单元音充当，如打骂（dǎ mà）、匍匐（pú fú）、知识（zhī shi）等；复韵母中则有 2 个或 3 个元音，如吊桥（diào qiáo）、前来（qián lái）、蓓蕾（bèi lěi）等；鼻韵母中有元音也有辅音，如援疆（yuán jiāng）、创伤（chuāng shāng）、冲锋（chōng fēng）等。

（三）声母、韵母、声调的组合关系

普通话的音节由声母、韵母、声调构成，并有系统的组合关系。声母、韵母、声调都是音节的基本构成要素，但声调与声母、韵母并不处在同一个层面上。声母与韵母的组合，可以构成音节形式，但最终决定这个音节能否成立则要看附页音节上的声调。因而从语义和语音面貌角度来看，声调在普通话语音系统中处于中心地位，且具有特殊的重要作用。

【技能实训】

1. 识记和规范书写拼音字母表

字母表规定了 26 个汉语拼音字母的顺序、名称和体式，既便于记诵，又对使用工具书和编制索引、资料、名单等很有用处。汉语拼音字母采用传统的拉丁字母的体式，分为印刷体、手写体、大写和小写。在拼音教学中，字母书写使用楷体，线条均匀，没有粗细之分，没有装饰线，又称“单线体”。字母的手写体依照拉丁字母的一般书写习惯进行书写。在占格方面的要求为：大写字母一律占满上中格。小写字母 ɑ、c、e、m、n、o、r、s、u、v、w、x、z（共 13 个）只占中格，且要占满中格；b、d、f、h、i、k、l、t（共 8 个）占上中格，上格要留空，不能顶上线；g、p、q、y（共 4 个）占中下格，下格要留空，但不能顶下线；j 占上中下三格，但上下格都要留空，均不能顶格。

字母	Aɑ	Bb	Cc	Dd	Ee	Ff	Gg
名称	ㄚ	ㄅㄝ	ㄘㄝ	ㄉㄝ	ㄜ	ㄝㄈ	ㄍㄝ
	Hh	Ii	Jj	Kk	Ll	Mm	Nn
	ㄏㄚ	ㄧ	ㄐㄧㄝ	ㄎㄝ	ㄝㄌ	ㄝㄇ	ㄋㄝ
	Oo	Pp	Qq	Rr	Ss	Tt	
	ㄛ	ㄆㄝ	ㄑㄧㄡ	ㄚㄦ	ㄝㄙ	ㄊㄝ	
	Uu	Vv	Ww	Xx	Yy	Zz	
	ㄨ	ㄪㄝ	ㄨㄚ	ㄒㄧ	ㄧㄚ	ㄗㄝ	

表 2–1　拼音字母表

2. 识记和规范书写声母表

声母表按照辅音的发音部位和发音方法排列出 21 个声母，并在声母下方标注了注音字母和汉字，对照的汉字既可以取其开头的辅音来代表这个声母的本音，也可以取其整个音节的发音来表示这个声母的“呼读音”。因为声母的本音发音不响亮，为了称说和教学的需要，《汉语拼音方案》根据注音字母传统的读音在声母的后面加上了一个响亮的元音来呼读，这就是声母的“呼读音”。“呼读音”并不是辅音和元音的结合，只用来呼读和称说，同时便于声母的教学。在声母参与音节拼读时，必须用声母的本音。

b	p	m	f	d	t	n	l
ㄅ玻	ㄆ坡	ㄇ摸	ㄈ佛	ㄉ得	ㄊ特	ㄋ讷	ㄌ勒
g	k	h		j	q	x	
ㄍ哥	ㄎ科	ㄏ喝		ㄐ基	ㄑ欺	ㄒ希	
zh	ch	sh	r	z	c	s	
ㄓ知	ㄔ蚩	ㄕ诗	ㄖ日	ㄗ资	ㄘ雌	ㄙ思	

表 2-2　声母表

3. 熟悉韵母表，了解音节拼写规则

韵母表规定了汉字音节的拼写规则：

（1）y 和 w 的使用。为了使音节界限清楚，《汉语拼音方案》（以下简称《方案》）规定以 i、u、ü 开头的零声母音节，要分别改换或添加隔音字母 y 或 w。①当 i 后有元音时，把 i 改换成 y，如 ia–ya(丫)、ie–ye(噎)、iao–yao(妖)、iou–you(优)、ian–yan(烟)、iang–yang(央)、iong–yong (拥)；当 i 后没有元音时，就在 i 前加 y，如 i–yi(衣)、in–yin(音)、ing–ying(英)。拼写时，在 i 上标调号要去掉 i 上的点。②当 u 后有元音时，把 u 改换成 w，如 ua–wa(挖)、uo–wo(喔)、uai–wai(歪)、uei–wei(偎)、uan–wan(湾)、uen–wen(温)、uang–wang(汪)、ueng–weng(嗡)。当 u 后没有元音时，就在 u 前加 w，如 u–wu(乌)。③韵母表中 ü 行的韵母，在自成音节时，无论 ü 后是元音还是辅音，一律在 ü 前加 y，写成 yu(迂)、yue(约)、yuan(渊)、yun(晕)。加 y 后，ü 上两点要省去。

（2）ü 上两点的省略。韵母表中 ü 行韵母和 j、q、x 相拼时，ü 上的两点要省略，写成 u，例如“居、屈、虚”要写成“ju、qu、xu”；零声母音节，韵母前添加 y 时，也要去掉 ü 上两点，声母 n、l 后面的 ü 则不能省略两点，因为 n、l 既可以和 u 相拼，又可以和 ü 相拼，例如“吕、女”要写成“lǚ、nǚ”，不能写成“lǔ、nǔ”。实际上，普通话拼音中 ü 上两点不省略的只有“nü、lü、nüe、lüe”四个音节。

（3）iou、uei、uen 的省写。iou、uei、uen 三个韵母与声母相拼时，要去掉中间的元音 o 或 e，写成 iu、ui、un。如果前面是零声母，就要按照 y 和 w 的使用规则，分别写为 you、wei、wen。可见 iou、uei、uen 是基本形式，在实际拼写时并不出现。在分析韵母的结构时，仍旧使用 iou、uei、uen, 不用省写式。

（4）儿化音节的拼写。儿化音节的拼写形式，就是在被儿化的音节末尾加上字母 r，表示读作儿化韵。如：“书桌儿（zhuor）”“泥人儿（renr）”“小命儿（mingr）”。

表 2–3　韵母表

	i ㄧ　衣	u ㄨ　乌	ü ㄩ　迂
ɑ ㄚ　啊	iɑ ㄧㄚ　呀	uɑ ㄨㄚ　蛙	
o ㄛ　喔		uo ㄨㄛ　窝	
e ㄜ　鹅	ie ㄧㄝ　耶		üe ㄩㄝ　约
ɑi ㄞ　哀		uɑi ㄨㄞ　歪	
ei ㄟ　欸		uei ㄨㄟ　威	
ɑo ㄠ　熬	iɑo ㄧㄠ　腰		
ou ㄡ　欧	iou ㄧㄡ　忧		
ɑn ㄢ　安	iɑn ㄧㄢ　烟	uɑn ㄨㄢ　弯	üɑn ㄩㄢ　冤
en ㄣ　恩	in ㄧㄣ　因	uen ㄨㄣ　温	ün ㄩㄣ　晕
ɑng ㄤ　昂	iɑng ㄧㄤ　央	uɑng ㄨㄤ　汪	
eng ㄥ　亨的韵母	ing ㄧㄥ　英	ueng ㄨㄥ　翁	
ong （ㄨㄥ）　轰的韵母	iong ㄩㄥ　雍		

（5）《方案》规定，在给汉字注音时，为了使拼式简短，“ng”可以省写成“ŋ”。

4. 声调符号

声调符号简称调号，《方案》采用符号标调法，分别用“ˉ ˊ ˇ ˋ”标记阴平、阳平、上声和去声。调号标在音节的主要母音上，轻声不标调。如：mā（妈）、má（麻）、mǎ（马）、mà（骂）、ma（吗）。调号标在韵母的主要元音上，如：zhāng chéng（章程）。

iu、ui、un 是 iou、uei、uen 的省写式，iu、ui 的调号标在后一个元音上，un 的调号标在前一个元音上。轻声不标调。

5. 隔音符号

a、o、e 开头的音节连接在其他音节后面时，如果音节的界限容易发生混淆，用隔音符号“’”隔开，如：pi’ao（皮袄）。

【任务拓展】

1. 在声乐老师指导下学唱《汉语拼音字母歌》。

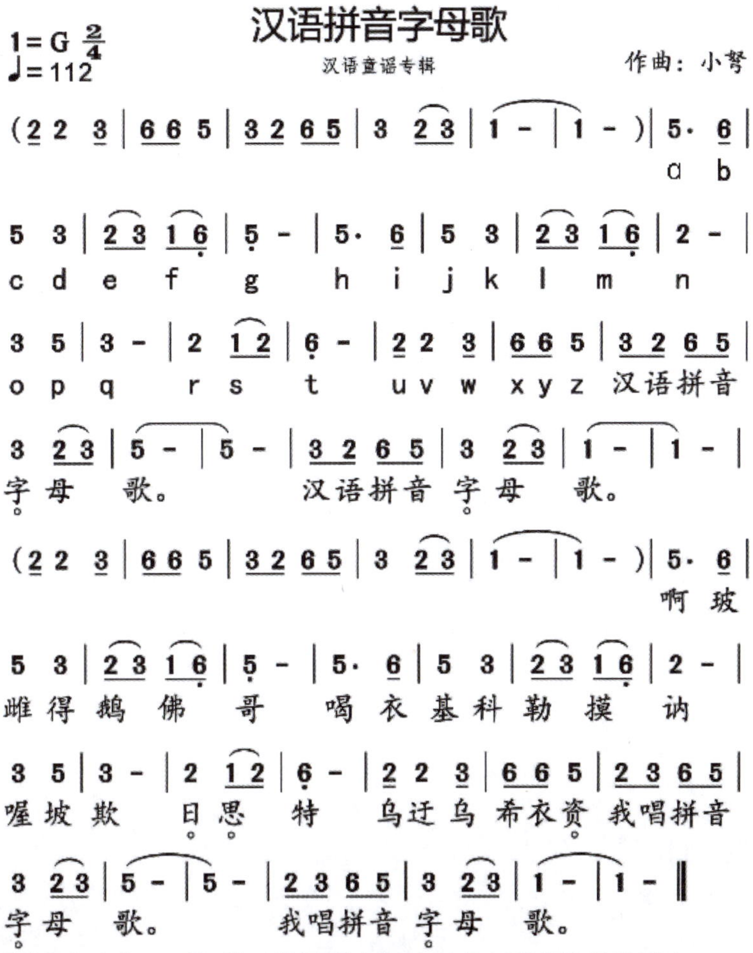

2. 查阅《汉语拼音方案》，了解关于普通话声调的规定和隔音符号的用法。

【活动评价】

请结合本次任务完成全过程，对自己的学习进行客观评价。

评价指标	评价结果	备注
1. 对语音性质有基本了解	优秀□　良好□　一般□　合格□	
2. 对普通话语音系统有基本了解	优秀□　良好□　一般□　合格□	
3. 能按照四线三格要求规范书写汉语拼音字母	优秀□　良好□　一般□　合格□	
4. 了解汉字音节拼写规则	优秀□　良好□　一般□　合格□	
5. 能积极主动完成本次学习活动	优秀□　良好□　一般□　合格□	
综合评价：		

任务四　普通话的声调

案例导入

观察下面中文和英文的对比，说说你发现了什么？

幼教　yòu jiào　kindergarten teacher

优教　yōu jiào　good education

右脚　yòu jiǎo　the right foot

油胶　yóu jiāo　factice

右角　yòu jiǎo　right corner

有角　yǒu jiǎo　horned

【知识储备】

一、认识我们的语言

世界上的语言大致可以分为两大类：声调语言和语调语言。声调语言是指在单词层面用声调来区分词所表达含义的语言。汉语就是典型的声调语言。如“you jiao”，不同声调表达出的含义千差万别。和声调语言相对的就是语调语言，它是指在词组或句子的层面上用语调区分表达含义的语言。英语就是一种语调语言。如“yes”用中文解释是“好”“是的”。在不附加任何语气的情况下，无论“yes”的声调如何变化，其表达的含义都不变。

因此，熟练、准确地使用普通话声调在口语交际、沟通交流中十分重要。

二、声调的性质

声调是指音节所具有的能够区别意义的音高变化，是汉语音节结构中必不可少的组成部分。汉语的每个音节都有固定的声调。

音节是人们能够自然感知的最小语音片段，通常情况下，一个汉字就是一个音节。如“幼教（yòu jiào）”就是一个双音节词。音节一般由声母、韵母和声调三部分组成，一个完整的音节中，起头的是声母，韵母收尾，控制音节音调高低变化的就是声调，三个部分共同作用以区别词义。也有部分音节仅由韵母和声调组成，如“安”的音节为“ān”，这种现象称为“零声母”。

声调的变化是由声带的振动频率决定的，所以，声调的变化就是音高的高低变化。值得注意的是，声调的变化是相对的，比如我们用不同的方言去念“学习”一词时，它的调值（声调的实际音调或读法）也不尽相同。

三、声调的调值、调型和调类

（一）调值和调型

调值是指声调的高低升降变化。“五度标记”是一种用来描写调值的标调符号。用五度竖标来标记调值的相对音高，用线条表明声调的升降起止度数。如图 2–2 所示。

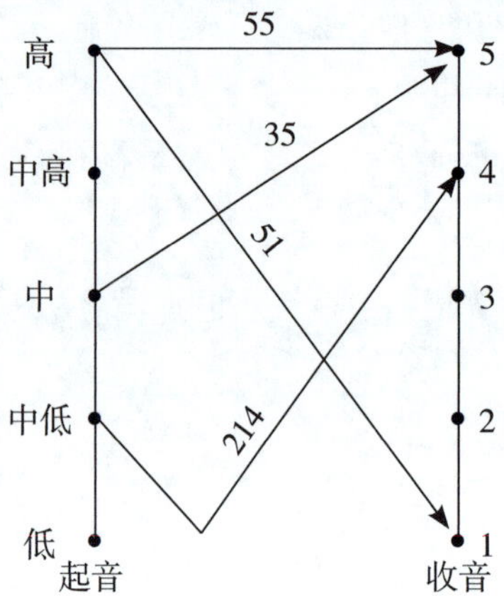

图 2–2　五度标记

普通话四个声调的调值用数字表示就是 55，35，214，51。

在音节上标调时，须将五度竖标省去，只保留线条，这就是汉语拼音的调号，即我们常见的“ˉ”“ˊ”“ˇ”“ˋ”，如“ā”“á”“ǎ”“à”。调号通常标记在韵腹或最后一个元音上面。如：学（xué）习（xí）。

我们常把声调的模型叫做调型，声调的高低升降变化模式都用调型来表示。在普通话中，55 为高平型，35 为中升型，214 为低降升型，51 为高降型。

（二）调类

调类是指声调的种类。和音节的组合变化相比，声调的变化相对固定。所以，我们将调值相同的音节归纳在一起组合成一个调类。通常调值有几种，调类就有几种。普通话的调值有四种，所以调类也有四种：55 为阴平、35 为阳平、214 为上（shǎng）声、51 为去声。

调值、调型和调类的关系对照如表 2–4 所示。

表 2–4　关系对照表

调值	调号	调型	调类
55	ā	高平	阴平
35	á	中升	阳平
214	ǎ	低降升	上声
51	à	高降	去声

四、普通话的腔调

普通话的腔调是以普通话四个声调连读形式为核心，包括变调等在内的整体性语音特征，是普通话声调系统基本因素的有机组合。

读准普通话的单个字调固然重要，但只有声调连读形成的普通话的腔调，才能从整体上反映普通话语音的基本面貌。比如说，一个讲普通话的人和几个讲方言的人在一起交谈，让一位有一定语音知识的人来判断这几个人谁讲的是普通话，谁讲的是方言，方言是哪一种，无须考察声母、韵母、词汇、语法，仅凭说话的腔调即可迅速而准确地做出相关判断。普通话采用的是北京话声调系统，调类、调型、调值和北京话相同，但普通话腔调与北京话还是存在一定的差异，这是因为普通话是经过规范后的语言，它的声调连读形式并不完全等同于北京话。当一个人说话或朗读时，其出现的声调连读形式，可以反映出这个人的普通话语音的基本特征（方言亦然），其普通话腔调的标准程度，也基本上反映了一个人普通话语音的等级水平。

实践表明，学习普通话必须在单字声调方面下功夫，但不能把声调的学习停滞在单字声调训练阶段，还必须努力掌握普通话声调连读形式——普通话腔调。

在普通话水平测试中，一个人读单音节字词时，方言腔调不易显露，但在朗读和说话时，方言腔调容易暴露。实际上，普通话声调连读时，除了单字声调自身的存在外，总伴随有声调相互影响形成的特有的、稳定的规律性变化（上声调的变化是最明显的腔调变化之一），也会受到音长、重音、节奏等的影响，从而形成普通话腔调。单字声调规范到位，且连读熟练自然，普通话腔调就会纯正自然（如一级甲等的普通话）。如果单字声调有缺陷，在连读中就会比较充分地暴露出来，具体表现就是声调的系统性缺陷，这种系统性缺陷就是人们通常所说的方言腔调的“显露”，或者说是带点方言的“痕迹”。

学习普通话腔调，首先要读准普通话的四个声调，那种认为学声调就是随意读一下的认识是不正确的。实际上，一些人朗读、说话时腔调不够准确、不够纯正的问题，就隐含在单字声调之中（调型相似，调值不准确），只是读单字声调时，这些问题不太明显。其次要多听、多读、多练，注意单字声调在多音节词语或语流中连读时的细微变化，努力培养普通话语感。普通话腔调水平上去了，普通话的等级水平也一定会得到提高。

五、声调的辩证

（一）普通话与方言

普通话的声调诞生于地方方言声调，地方方言的声调又是古汉语声调演变而来的。所以，各方言区的人纠正普通话读音时应先将本方言中调值相同的字归为一类，再分别与普通话的调类一一对应，最后按照普通话调类的调值去读本方言的调类。五度标记法除了适用于普通话之外，同样也适用于我国多数方言（表 2–5）。

表 2-5 各地方言调值对照表

语言	阴平	阳平	上声	去声
普通话	55	35	214	51
北京话	54	35	214	51
天津话	11	45	213	53
重庆话	44	31	53	13
东北话	44	24	213	42
武汉话	44	213	42	35

（二）入声字的改读方法

古代汉语的声调分为平声、上声、去声、入声 4 种，后来又以声母的清浊为条件分化出“阴阳”，形成了所谓的“四声八调”。地方方言的声调则更加复杂，尤其是南方方言，大多保留着 6 个、7 个甚至 9 个调类。普通话的声调将古代汉语的入声分化到“阴阳上去”四个声调中，所以普通话的声调和各地方方言之间的声调差别大，不便一一对照辩证。但是，根据古代汉语的演变规律，我们可以掌握大部分入声字的普通话声调。

（1）若方言中入声字的普通话声母是送气的塞音、塞擦音，那么普通话的声调多数为去声。如：错、处、迫、踏、妾等。

（2）若方言中入声字的普通话声母是不送气的塞音、塞擦音，那么普通话的声调多数为阳平。如：白、读、直、集、国等。

（3）若方言中入声字的普通话声母是 m、n、l、r，那么普通话的声调多数为去声。如：卖、目、纳、逆、力、落、肉等。

不同的方言，声调的情况也不大相同，特别是南方方言，习惯说南方方言的人除了要做调值的调整外，还需要进行大量的正音练习。

声调高低并不是要求人人都发出同样高低的音调，这个高低是相对而言的。每个人的音域不尽相同，五度标记是为了让个人在有限的音域里，按规定做到音调高低升降的变化，这样更有助于我们纠正自己的字音，使自己的发音更加规范。

【技能实训】

一、同声母韵母的四声调练习

本训练既包含声调练习，也包含声母、韵母的练习。朗读时要注意声调正确，出口有力，发音饱满，韵尾收音，气息控制自如。

a	哀（āi）	挨（ái）	矮（ǎi）	爱（ài）
b	八（bā）	拔（bá）	把（bǎ）	爸（bà）
c	村（cūn）	存（cún）	忖（cǔn）	寸（cùn）

ch	穿（chuān）	传（chuán）	喘（chuǎn）	串（chuàn）
d	滴（dī）	敌（dí）	抵（dǐ）	递（dì）
e	婀（ē）	鹅（é）	恶（ě）	饿（è）
f	分（fēn）	坟（fén）	粉（fěn）	奋（fèn）
f	风（fēng）	冯（féng）	讽（fěng）	缝（fèng）
g	郭（guō）	国（guó）	果（guǒ）	过（guò）
h	轰（hōng）	红（hóng）	哄（hǒng）	哄（hòng）
j	歼（jiān）		捡（jiǎn）	见（jiàn）
k	科（kē）	咳（ké）	可（kě）	克（kè）
l	棱（lēng）	楞（léng）	冷（lěng）	愣（lèng）
m	妈（mā）	麻（má）	马（mǎ）	骂（mà）
n	妮（nī）	泥（ní）	你（nǐ）	腻（nì）
o	欧（ōu）	嚄（óu）	偶（ǒu）	怄（òu）
p	扑（pū）	仆（pú）	谱（pǔ）	瀑（pù）
q	青（qīng）	情（qíng）	请（qǐng）	庆（qìng）
r	嚷（rāng）	瓤（ráng）	壤（rǎng）	让（ràng）
s	仨（sā）		洒（sǎ）	飒（sà）
sh	杀（shā）	啥（shá）	傻（shǎ）	煞（shà）
t	通（tōng）	同（tóng）	桶（tǒng）	痛（tòng）
w	挖（wā）	娃（wá）	瓦（wǎ）	袜（wà）
x	仙（xiān）	贤（xián）	险（xiǎn）	现（xiàn）
y	优（yōu）	游（yóu）	有（yǒu）	又（yòu）
z	遭（zāo）	凿（záo）	早（zǎo）	造（zào）
zh	朝（zhāo）	着（zháo）	找（zhǎo）	照（zhào）

二、双音节声调练习

本练习要注意声调的变化，要求阴平稳定、气息均匀，阳平由弱渐强，上声清晰稳定，去声强起弱收。

（一）阴阴调

丰收　江山　春天　西安　咖啡　插花　跻身　区分　阴天　出发

（二）阴阳调

天才　花房　出国　安全　发炎　飘扬　家门　清泉　风云　中国

（三）阴上调

天体　搁浅　梳理　争取　孤苦　欢喜　生产　期许　花语　发展

（四）阴去调

天气　书架　光速　音乐　充分　帮助　期盼　圈外　春怨　闺蜜

（五）阳阴调

国歌　航空　成功　桃枝　权威　船帆　长江　洪荒　读书　莲花

（六）阳阳调

还原　人民　灵活　源泉　团结　秦明　及时　宏图　研习　豪华

（七）阳上调

豪赌　渤海　腼腆　民主　田埂　描写　情感　笼统　棋子　勤勉

（八）阳去调

华丽　余数　棉絮　磨具　寥廓　豪迈　吉兆　留宿　的确　革命

（九）上阴调

北京　谎称　广播　抖音　演出　讲师　母亲　指标　掌声　水生

（十）上阳调

语言　果然　朗读　起航　敏捷　法门　恐龙　洗劫　里程　浅薄

（十一）上上调

取暖　北海　领导　广场　厂长　展览　处理　赏脸　导演　鼓掌

（十二）上去调

武汉　紫菜　挤兑　恐怖　法术　取悦　果断　海量　凛冽　请愿

（十三）去阴调

贵宾　共生　劝说　绕圈　背书　见机　灌输　运输　用心　健康

（十四）去阳调

去留　印堂　告辞　困难　发廊　过程　调查　特别　自然　蔚蓝

（十五）去上调

快手　烫手　沃土　电子　泡影　困苦　恪守　酷暑　办法　探险

（十六）去去调

幻境　巷道　画卷　炫耀　奉命　破烂　进步　灌溉　散布　注释

三、四音节声调训练

本练习主要锻炼准确应用四声的技巧，注意咬字准、吐字清、气息稳、调值满。

（一）阴阳上去调

英雄好汉　灯红酒绿　优柔寡断　山盟海誓　飞檐走壁　风调雨顺

千锤百炼　心怀叵测　心直口快　阴谋诡计　吞云吐雾　深谋远虑

三足鼎立　积年累月　中流砥柱　千奇百怪　鞍前马后　兵强马壮

鸡鸣狗盗　高朋满座　雕虫小技　飞禽走兽　光明磊落　山穷水尽

（二）去上阳阴调

万古流芳	妙手回春	背井离乡	破釜沉舟	墨守成规	覆水难收
万马齐奔	视死如归	顺理成章	弄巧成拙	刻骨铭心	驷马难追
细雨和风	异口同声	历久弥新	四海为家	信以为真	兔死狐悲
暮鼓晨钟	调虎离山	逆水行舟	热火朝天	遍体鳞伤	耀武扬威

（三）四声变位调

百炼成钢	鹏程万里	目不转睛	风花雪月	电闪雷鸣	谈笑风生
念念不忘	雷厉风行	过眼云烟	凯旋而归	呼风唤雨	继往开来
气吐山河	穷兵黩武	笑逐颜开	朝气蓬勃	出奇制胜	善恶有报
日新月异	责无旁贷	从容不迫	所向披靡	源远流长	安步当车

【任务拓展】

熟练地辨别四声后，进行适当的语句语段练习能够帮助我们快速地融会贯通。

一、诗词练习

春　晓

孟浩然

春眠不觉晓，处处闻啼鸟。

夜来风雨声，花落知多少。

赠汪伦

李　白

李白乘舟将欲行，忽闻岸上踏歌声。

桃花潭水深千尺，不及汪伦送我情。

虞美人·春花秋月何时了

李　煜

春花秋月何时了？往事知多少。小楼昨夜又东风，故国不堪回首月明中。

雕栏玉砌应犹在，只是朱颜改。问君能有几多愁？恰似一江春水向东流。

二、散文练习

春

朱自清

盼望着，盼望着，东风来了，春天的脚步近了。

一切都像刚睡醒的样子，欣欣然张开了眼。山朗润起来了，水涨起来了，太阳的脸红起来了。

小草偷偷地从土里钻出来，嫩嫩的，绿绿的。园子里，田野里，瞧去，一大片一大片满是的。坐着，躺着，打两个滚，踢几脚球，赛几趟跑，捉几回迷藏。风轻悄悄的，草软绵绵的。

桃树、杏树、梨树，你不让我，我不让你，都开满了花赶趟儿。红的像火，粉的像霞，白的像雪。花里带着甜味儿；闭了眼，树上仿佛已经满是桃儿、杏儿、梨儿。花下成千成百的蜜蜂嗡嗡地闹着，大小的蝴蝶飞来飞去。野花遍地是：杂样儿，有名字的，没名字的，散在草丛里，像眼睛，像星星，还眨呀眨的。

“吹面不寒杨柳风”，不错的，像母亲的手抚摸着你。风里带来些新翻的泥土的气息，混着青草味儿，还有各种花的香，都在微微润湿的空气里酝酿。鸟儿将窠巢安在繁花嫩叶当中，高兴起来了，呼朋引伴地卖弄清脆的喉咙，唱出宛转的曲子，与轻风流水应和着。牛背上牧童的短笛，这时候也成天嘹亮地响着。

雨是最寻常的，一下就是三两天。可别恼。看，像牛毛，像花针，像细丝，密密地斜织着，人家屋顶上全笼着一层薄烟。树叶儿却绿得发亮，小草儿也青得逼你的眼。傍晚时候，上灯了，一点点黄晕的光，烘托出一片安静而和平的夜。在乡下，小路上，石桥边，有撑起伞慢慢走着的人，地里还有工作的农民，披着蓑戴着笠。他们的房屋，稀稀疏疏的在雨里静默着。

天上风筝渐渐多了，地上孩子也多了。城里乡下，家家户户，老老小小，也赶趟儿似的，一个个都出来了。舒活舒活筋骨，抖擞抖擞精神，各做各的一份事去。“一年之计在于春”，刚起头儿，有的是工夫，有的是希望。

春天像刚落地的娃娃，从头到脚都是新的，它生长着。

春天像小姑娘，花枝招展的，笑着，走着。

春天像健壮的青年，有铁一般的胳膊和腰脚，领着我们上前去。

三、四声歌

学好声韵辨四声，阴阳上去要分明。
部位方法须找准，开齐合撮属口形。
双唇班报必百波，抵舌当地斗点丁。
舌根高狗躬耕故，舌面机结教尖精。
翘舌主争真志照，平舌资责早再增。
擦音发翻分飞副，送气茶柴产彻称。
合口呼舞枯湖古，开口河坡歌安争。
撮口虚学寻徐剧，齐齿衣优摇夜英。
前鼻恩因烟弯稳，后鼻昂迎中拥生。
咬紧字头归字尾，阴阳上去记变声。
循序渐进坚持练，不难达到纯和清。

【活动评价】

请结合本次任务完成全过程，对自己的学习进行客观评价。

评价指标	评价结果	备注
1. 对声调定义有基本了解	优秀□　良好□　一般□　合格□	
2. 对普通话调值标记方法有基本了解	优秀□　良好□　一般□　合格□	
3. 能熟练地区分四种声调	优秀□　良好□　一般□　合格□	
4. 对普通话的腔调有一定了解	优秀□　良好□　一般□　合格□	
5. 能积极主动完成本次学习活动	优秀□　良好□　一般□　合格□	
综合评价：		

任务五　普通话声母

案例导入

正确朗读下列普通话声母儿歌，识记拼读方法。

j q x y 与 ü 相拼

j q x 真有趣，从不和 u 在一起。
小 ü 小 ü 有礼貌，见了 j q x 就摘帽！
（配上手的动作：竖大拇指，脱下帽子）
小 ü 见大 y，脱帽行个礼，摘掉帽子还念 ü。
小 ü 小弟弟，他最懂道理；
见到哥哥 j q x，脱下帽子行个礼。

【知识储备】

一、声母的性质

按照汉语音韵学传统分类方式，可以把音节分成声母和韵母两个部分，每个音节还有一个声调。声母是一个音节开头的辅音，声母在发音过程中，气流因在发音器官中受到不同阻碍，于是产生了不同的声音。

二、声母的分类

声母发音时，气流在口腔中的位置和受阻方式是决定其发音的两大要素。声母按照发音部位（发音时发音器官构成阻碍的部位）和发音方法的不同可以分为不同的类别。

（一）按发音部位分类

（1）双唇音（b、p、m），是由上唇与下唇构成阻碍而发出的音。

（2）唇齿音（f），是由上齿与下唇构成阻碍而发出的音。

（3）舌尖中音（d、t、n、l），是由舌尖与上齿龈构成阻碍而发出的音。

（4）舌根音（g、k、h），是由舌根与软腭构成阻碍而发出的音。

（5）舌面音（j、q、x），是由舌面前部与硬腭前部构成阻碍而发出的音。

（6）舌尖前音（z、c、s），又叫平舌音，是由舌尖与上齿背构成阻碍而发出的音。

（7）舌尖后音（zh、ch、sh、r），又叫翘舌音，是由舌尖与硬腭前部构成阻碍而发出的音。

（二）按发音方法分类

声母的发音方法包括构成阻碍与消除阻碍方式、声带是否颤动、送气或不送气等三个方面，由此将声母分为不同类型。

1. 根据构成阻碍与消除阻碍方式的不同

（1）塞音。发音时，发音部位完全闭塞，构成阻碍，气流冲破阻碍，迸裂而出，爆发成声。塞音又叫“爆发音”或“破裂音”。b、p、d、t、g、k 属于塞音。

（2）擦音。发音时，发音部位接近，留有一条窄缝，气流由窄缝中挤出，摩擦成声。f、h、s、sh、r、x 属于擦音。

（3）塞擦音。发音时，发音部位先是完全闭塞，然后气流把阻塞部位冲开一条窄缝，再由窄缝中挤出，摩擦成声。这类声母兼有塞音与擦音的特点，前半部分像塞音，后半部分像擦音，前后发音过程紧密结合，形成一个完整的辅音。z、c、zh、ch、j、q 属于塞擦音。

（4）鼻音。发音时，口腔中的发音部位完全闭塞，软腭下降，声带振动，气流从鼻腔通过。m、n 属于鼻音。

（5）边音。发音时，舌尖抵住上齿龈，声带振动，气流从舌头的两边通过。l 属于边音。

2. 根据声带是否颤动

（1）清音。发音时，声带不颤动。b、p、f、d、t、g、k、h、j、q、x、zh、ch、sh、z、c、s 属于清音。

（2）浊音。发音时，声带颤动。m、n、l、r 属于浊音。

3. 根据送气不送气

（1）送气音。发音时，口腔中呼出较强的气流。p、t、k、q、c、ch 属于送气音。

（2）不送气音。发音时，口腔中呼出较弱的气流。b、d、g、j、z、zh 属于不送气音。

三、声母的发音

1. b——双唇、不送气、清、塞音

发音时，声带不颤动。成阻时双唇闭合，气流不能从口腔流出；软腭上升，堵塞鼻腔通道，舌成自然静止状态。除阻时，双唇突然打开，爆发而出，气流较少。例如报表（bào biǎo）、颁布（bān bù）、辨别（biàn bié）、把柄（bǎ bǐn）里的 b。

2. p——双唇、送气、清、塞音

发音时的状态与 b 相似，只是除阻时有一股较强的气流冲开双唇，然后才是元音。例如澎湃（péng pài）、品评（pǐn píng）、匹配（pǐ pèi）、偏旁（piān páng）里的 p。

3. m——双唇、浊、鼻音

发音时，声带颤动。成阻时双唇闭合，气流不能从口腔流出；软腭下降，鼻腔畅通，舌头自然放平。除阻时也有爆发的声音，但较柔和，随后是元音，例如美满（měi mǎn）、牧民（mù mín）、密码（mì mǎ）、埋没（mái mò）里的 m。

4. f——唇齿、清、擦音

发音时，下唇接近上齿，形成窄缝，气流从窄缝中挤出，摩擦成声，声带不颤动。例如方法（fāng fǎ）、丰富（fēng fù）、奋发（fèn fā）、仿佛（fǎng fú）里的 f。

5. d——舌尖中、不送气、清、塞音

发音时，声带不颤动。成阻时舌尖抵住上齿龈，气流不能从口腔中流出；软腭上升，堵塞鼻腔通道。除阻时气流冲破舌尖的阻碍，爆发成声，气流较少。例如大胆（dà dǎn）、到达（dào dá）、顶端（dǐng duān）、单独（dān dú）里的 d。

6. t——舌尖中、送气、清、塞音

发音时的状况与 d 相似。只是除阻时有一股较强的气流冲出。例如团体（tuán tǐ）、探讨（tàn tǎo）、疼痛（téng tòng）、梯田（tī tián）里的 t。

7. n——舌尖中、浊、鼻音

发音时，声带颤动。成阻时舌尖抵住上齿龈，要顶满，气流不能从口腔流出。除阻时，软腭下降，鼻腔畅通，带音气流从鼻腔通过。发出的声音较柔和。例如牛奶（niú nǎi）、泥泞（ní nìng）、南宁（nán níng）、男女（nán nǚ）里的 n。

8. l——舌尖中、浊、边音。

发音时，声带颤动。成阻时舌尖抵住上齿龈，不顶满；软腭上升，堵住鼻腔通道。气流从舌头两边流出，所以叫边音，除阻时没有爆发的声音。例如嘹亮（liáo liàng）、理论（lǐ lùn）、玲珑（lín lóng）、流露（liú lù）里的 l。

9. g——舌根、不送气、清、塞音

发音时，声带不颤动。成阻时舌头后缩，舌根隆起顶住硬腭与软腭交界处，软腭上升，口腔鼻腔不通气。除阻时气流冲破舌根的阻碍，爆发成声，气流较少。例如钢轨（gāng guǐ）、改革（gǎi gé）、巩固（gǒng gù）、观光（guān guāng）里的 g。

10. k——舌根、送气、清、塞音

发音时的状态和 g 相似，成阻时舌头后缩。除阻后有一股较强的气流冲开。例如刻苦（kè kǔ）、开垦（kāi kěn）、宽阔（kuān kuò）、困苦（kùn kǔ）里的 k。

11. h——舌根、清、擦音

发音时，舌根接近软腭，形成窄缝，气流从窄缝中挤出，摩擦成声，声带不颤动。例如欢呼（huān hū）、航海（háng hǎi）、辉煌（huī huáng）、呼喊（hū hǎn）里的 h。

12. j——舌面、不送气、清、塞擦音

发音时，声带不颤动。成阻时舌面前部抵住硬腭的前部，口腔不通气；软腭上升，鼻腔不通气。除阻时舌尖顶到了下齿背，舌头慢慢离开硬腭前部（塞音与擦音的区别在于塞音是突然离开），气流从呈现出的窄缝中挤出，摩擦成声，气流不明显。例如坚决（jiān jué）、加剧（jiā jù）、结晶（jié jīng）、交际（jiāo jì）里的 j。

13. q——舌面、送气、清、塞擦音

发音情况与 j 相似，只是除阻时气流增强，摩擦的阶段用强气流发出。例如恰巧（qià qiǎo）、亲切（qīn qiè）、全球（quán qiú）、情趣（qíng qù）里的 q。

14. x——舌面、清、擦音

发音时，声带不颤动。成阻时舌面前部接近硬腭前部，舌尖顶住下齿背，成阻部位呈现出缝隙，软腭上升，堵塞鼻腔通路。除阻时气流从缝隙中挤出，摩擦成声。例如消息（xiāo xī）、喜讯（xǐ xùn）、现象（xiàn xiàng）、细小（xì xiǎo）里的 x。

15. zh——舌尖后、不送气、清、塞擦音

嘴微张，舌尖抬起抵在硬腭前端，除阻时舌尖与硬腭之间弹开一条窄缝，同时有一股较弱的气流从中挤出，摩擦成声。例如珍珠（zhēn zhū）、政治（zhèng zhì）、茁壮（zhuó zhuàng）、主张（zhǔ zhāng）里的 zh。

16. ch——舌尖后、送气、清、塞擦音

发音情况与 zh 基本相同，只是在除阻时口腔呼出的气流较强，形成送气音。例如驰骋（chí chěng）、抽查（chōu chá）、车床（chē chuán）、长城（cháng chéng）里的 ch。

17. sh——舌尖后、清、擦音

发音时，舌尖上翘，接近硬腭前部，形成窄缝，气流从缝隙中摩擦通过，声带不颤动。例如山水（shān shuǐ）、少数（shǎo shù）、神圣（shén shèng）、事实（shì shí）里的 sh。

18. r——舌尖后、浊、擦音

发音情况与 sh 基本相同，只是声带颤动，形成浊音。例如仍然（réng rán）、柔软（róu ruǎn）、忍让（rěn ràng）、如若（rú ruò）里的 r。

19. z——舌尖前、不送气、清、塞擦音

发音时，舌尖抵住上齿背，形成阻碍。较弱的气流将阻碍冲开一条窄缝，由窄缝中挤出，摩擦成声，声带不颤动。例如在座（zài zuò）、自尊（zì zūn）、藏族（zàng zú）、造作（zào zuo）里的 z。

20. c——舌尖前、送气、清、塞擦音

发音情况与 z 基本相同，只是在除阻时口腔呼出的气流较强，形成送气音。例如猜测（cāi cè）、从此（cóng cǐ）、苍翠（cāng cuì）、草丛（cǎo cóng）里的 c。

21. s——舌尖前、清、擦音

发音时，舌尖接近上齿背，形成窄缝，气流从窄缝中挤出，摩擦成声，声带不颤动。例如思索（sī suǒ）、诉讼（sù sòng）、僧俗（sēng sú）、瑟缩（sè suō）里的 s。

我们把普通话 21 个辅音声母综合成表 2-6。

表 2-6　普通话辅音声母总表

发音部位	发音方法							
	塞音		塞擦音		擦音		鼻音	边音
	清		清		清	浊	浊	浊
	不送气	送气	不送气	送气				
双唇音	b	p					m	
唇齿音					f	v		
舌尖前			z	c	s			
舌尖中	d	t					n	l
舌尖后			zh	ch	sh	r		
舌面音			j	q	x			
舌根音	g	k			h			

四、声母辨正

（一）z、c、s 和 zh、ch、sh

1. 记少不记多

普通话中，声母是舌尖前音 z、c、s（教学中也叫平舌音）的字相对较少，声母是舌尖后音 zh、ch、sh（教学中也叫翘舌音）的字较多。因此，记住常用的平舌音的字比较省事。采用排除法，其余便都是翘舌音了。

2. 偏旁类推法

汉语一些相同偏旁的字，读音大致相近，例如朱：珠、株、蛛（zhu），贞：侦、祯、桢（zhen），直：值、植、殖（zhi）等。

（二）n、l

1. 记少不记多

普通话中，声母是 n（教学中也叫鼻音）的字比声母是 l（教学中也叫边音）的字要少一些。记住常用的鼻音字，其余的声母字可以大胆类推。例如韵母 e、u、ü、ei、ang、eng、in、iang 与鼻音 n 相拼的字极少，而与边音 l 相拼的字较多。

2. 偏旁类推法

如：宁、拧、柠、狞（ning），农、浓、侬、脓（nong），那、哪、娜（na），令、领、零、岭、玲（ling），里、理、哩、厘、狸（li），仑、轮、论、伦、抡、纶（lun），兰、烂、栏、拦（lan）等。

3. 借助声韵配合规律

（1）n 不与韵母 ia 相拼，因此，俩（liǎng）是边音。

（2）l 不与韵母 en 相拼，因此，嫩（nèn）是鼻音。

（3）n 不与韵母 ou 相拼，因此，楼（lóu）等字是边音。

（4）n 不与韵母 un 相拼，因此，论（lùn）等字是边音。

（三）j、q、x

普通话 j、q、x 是舌面音，通常叫团音。但全国许多地区将 j、q、x 分读为尖音、团音两类不同的音，这是从古汉语沿袭下来的，我国由南到北许多地区将一部分 j、q、x 发成接近 z、c、s 的音，如：常把“进修”读作“zin siu”，“新鲜”读作“sin sian”，“秋千”读作“ciu cian”。解决的办法：将习惯读成尖音的字词改为团音。如果意识不到，可将 j、q、x 类声母的字词，自己发音录下来，然后播放，如能听出尖音，就可以逐步加以改正。

（四）f、h

有些地区发音时容易把 f 与 h 相混，例如把“反对”读作“huǎn dui”，“斧头”读作“hǔ tou”，“开花”读作“kāi fā”，“荒山”读作“fāng shān”。纠正的办法如下。

1. 声旁类推法

同声旁字的声母与声旁本身的声母一般是一致的，记住了声旁字的声母，就可以类推出同声旁一系列字的声母。如：“方”的声母是 f，以“方”为声旁的“放、房、防、纺、芳、访、仿、妨、肪、邡、枋、舫”等字的声母都是 f；“化”的声母是 h，如：“花、哗、华、铧”等字的声母都是 h。利用这一规律，可以进行类推记忆。

2. 利用声韵配合记忆

普通话中 f 不跟 ai 相拼，在相关方言区中念“fai”的，普通话中大多念“huai”，例如“坏、怀、槐”等。

（五）r

一些地区的方言中，有的将 r 发成 i，例如“热”读作“ye”、“日”读作“yi”、“肉”读作“you”；有的将 r 发成 l，例如“融”读作“long”、“然”读作“lan”、“让”读作“lang”；有的将 r 发成 z，例如“人”读作“zen”、“认”读作“zen”、“容”读作“zong”。纠正的方法：首先要把握准 r 声母的发音要领，将舌尖翘起接近硬腭前部，气流振动声带，从成阻部位的窄缝中摩擦成声，反复练习，养成发 r 声母的习惯；其次要掌握方言和普通话的对应规律，分清楚哪些字读 r 声母，也可强化记忆。

【技能实训】

1. 正确进行平翘舌对比词组练习（z、c、s 与 zh、ch、sh）

三头——山头	综合——中和	冲刺——充斥
自立——智力	栽花——摘花	私人——诗人
散光——闪光	俗语——熟语	死命——使命
姿势——知识	暂时——战时	增收——征收

桑叶——商业　　食宿——实数　　推辞——推迟

2. 朗读平翘舌音对比词语

自治	尊重	增长	作主	杂志	再植	资助
自重	罪状	宗旨	遵照	坐镇	作战	总之
制造	转载	追踪	振作	正宗	准则	种子
知足	职责	沼泽	种族	装载	正在	主宰
蚕虫	操场	财产	擦车	促成	采茶	残喘
草创	磁场	仓储	辞呈	操持	错处	彩绸
炒菜	冲刺	尺寸	陈词	差错	纯粹	初次
船舱	场次	春蚕	除草	揣测	陈醋	储藏
松树	宿舍	算术	损失	三山	似是	丧失
诉说	琐事	素食	随时	所属	私塾	散失
收缩	神速	哨所	殊死	申诉	疏松	山色
深思	上司	胜似	输送	生死	世俗	绳索

3. 平翘舌绕口令练习

（1）上桑山，砍山桑，背着山桑下桑山。

（2）锄长草，草长长，长草丛中出长草，锄尽长草做草料。

（3）四是四，十是十，十四是十四，四十是四十，谁能说准四十，十四，四十四，谁来试一试。

（4）我说四个石狮子，你说十个纸狮子。石狮子是死狮子，四个石狮子不能嘶；纸狮子也是死狮子，十个纸狮子也不能撕。狮子嘶，撕狮子，死狮子，狮子尸。要想说清这些字，必须读准四、十、死、尸、狮、撕、嘶。

4. 鼻边音对比练习

农林	年轮	耐劳	哪里	脑力	奴隶	纳凉
奶酪	内涝	暖流	能力	凝练	逆流	年龄
岭南	辽宁	冷暖	留念	烂泥	连年	来年
烂泥	老娘	林农	落难	历年	流脑	遛鸟

5. 朗读鼻边音对比词组

千年——牵连　　恼怒——老路　　允诺——陨落　　难住——拦住

门内——门类　　南部——蓝布　　蜗牛——涡流　　无奈——无赖

6. 鼻边音绕口令练习

（1）牛良蓝衣布履杠楠木，刘妞绿衣挎篓买蓝布，牛良的楠木上房梁，刘妞的蓝布做衣裳。

（2）大梁拴好牛在柳树下纳凉，碰上从牛栏山牛奶站挤了牛奶要拎到岭南乡牛奶店的刘奶奶，大梁忙拉刘奶奶到柳树下纳凉，接过刘奶奶的牛奶去岭南乡牛奶店送牛奶。

（3）刘庄有个刘小柳，柳庄有个柳小妞。刘小柳放奶牛，柳小妞路边种杨柳。刘小柳的牛踩了柳小妞的柳，柳小妞的柳扎了刘小柳的牛。

【任务拓展】

正确读出声母发音，自测下列单音节字词。

拎	娩	虻	挟	灼	枕	玷	绌	疟	刽
影	胁	刑	嗡	拙	陨	粤	振	趁	生
黍	琴	颖	醉	瞬	凭	匿	恒	剁	橡
酵	瘸	闹	歼	发	踮	凿	荫	澎	堤
擎	俘	沾	镇	剩	倾	诚	证	任	亨
窟	撩	扭	湃	啮	峭	蒙	阮	肾	吞
城	蒙	营	脊	缄	峰	媲	涮	涸	刹
隘	蝙	疵	佝	懈	猩	穴	蝇	馈	俱
梵	獭	脑	亮	疟	锭	辰	饬	插	志

【活动评价】

请结合本次任务完成全过程，对自己的学习进行客观评价。

评价指标	评价结果	备注
1. 对普通话声母类型有基本了解	优秀□　良好□　一般□　合格□	
2. 能对普通话声母进行详细分类	优秀□　良好□　一般□　合格□	
3. 能正确找到普通话声母发音部位，并掌握发音方法	优秀□　良好□　一般□　合格□	
4. 能积极主动完成本次学习活动	优秀□　良好□　一般□　合格□	
综合评价：		

任务六　普通话韵母

案例导入

朗读好听又押韵的儿歌。

（一）小鸭子

小鸭子，一身黄，
扁扁嘴巴红脚掌。
嘎嘎嘎嘎高声唱，
一摇一摆下池塘。

（二）做早操

早上空气真正好，
我们都来做早操。
伸伸臂，弯弯腰，
踢踢腿，蹦蹦跳，
天天锻炼身体好。

【知识储备】

韵母就是音节中在声母后面发音的部分。韵母中至少包含一个元音，它发音响亮、时值最长，因此，韵母发音在很大程度上影响着字音的饱满和响亮程度。

一、韵母的构成和分类

（一）根据韵母的结构特点划分

韵母分为韵头、韵腹和韵尾三部分。一个韵母，可以没有韵头和韵尾，但不能没有韵腹。普通话韵母共有 39 个，按结构特点可分为单韵母、复韵母和鼻韵母。

（1）单韵母，又叫单元音韵母，是由一个元音构成的韵母，例如 a、i、e 等。

（2）复韵母，又叫复元音韵母，是由两个或三个元音构成的韵母，例如 ai、ua、iao 等。

（3）鼻韵母，又叫带鼻韵母，是由元音带上鼻辅音韵尾构成的韵母，例如 in、an、uang 等。

（二）根据韵母开头元音的发音口形特点划分

根据韵母开头元音的发音口形，又可以把韵母分为开口呼、齐齿呼、合口呼、撮口呼四类，简称“四呼”。

1. 开口呼

凡是不以 i、u、ü 开头的韵母，统称为开口呼韵母。发音时，口腔开度较大，所以叫开口呼。开口呼还包括 -i（前）、-i（后）两个舌尖元音。它包括除 i、u、ü 以外的全部单韵母和用 ɑ、o、e 开头的全部复韵母和鼻韵母，共有 15 个，分别是 ɑ、o、e、ê、-i（前）、-i（后）、er、ɑi、ei、ɑo、ou、ɑn、en、ɑng、eng。

2. 齐齿呼

凡是用 i 开头的韵母叫齐齿呼韵母。发音时，上下齿几乎是对齐的，因此叫齐齿呼。齐齿呼韵母包括单韵母 i 和用 i 作韵头或韵腹的全部复韵母、鼻韵母，共有 9 个，分别是 i、iɑ、ie、iɑo、iou、iɑn、in、iɑng、ing。

3. 合口呼

凡是用 u 开头的韵母称为合口呼韵母。因发音时双唇合拢，呈圆形，所以叫合口呼。合口呼韵母包括单韵母 u 和用 u 作韵头的全部复韵母、鼻韵母，共有 10 个，分别是 u、uɑ、uo、uɑi、uei、uɑn、uen、uɑng、ueng、ong。

4. 撮口呼

凡是用 ü 开头的韵母称为撮口呼韵母。因发音时双唇撮拢，呈圆形，所以叫撮口呼，共有 5 个，分别是 ü、üe、üɑn、ün、iong。

二、韵母的发音

（一）单韵母

单韵母是由一个元音构成的韵母，分别为：ɑ、o、e、ê、i、u、ü、-i（前）、-i（后）、er。根据发音时舌头的不同部位和状态，单韵母分为舌面单韵母、舌尖单韵母、卷舌单韵母三种。

1. 舌面单韵母

舌面单韵母有 7 个：ɑ、o、e、ê、i、u、ü。不同的舌面单韵母是由舌位的前后、舌位的高低、嘴唇的圆展三个条件决定的。

第一，舌位的前后。舌头的前伸后缩，例如元音 u、ü 交替发音，明显的变化是舌头由后边伸到前边去了，说明 u 和 ü 发音不同的原因主要是舌位前后不同。根据舌位的前后，把元音分为前元音、央元音、后元音三种。

第二，舌位的高低。舌面离上腭越近，舌位越高；离上腭越远，舌位越低。例如发 i 音时，舌位就高些；发 ê 音时，舌位就低些。舌位的高低与口形的开闭有关：口开得越大，舌位就越低；口闭得越小，舌位就越高。根据舌位的高低，把元音分为高元音、半高元音、中元音、半低元音、低元音五种。

第三，嘴唇的圆展。圆，指两唇成圆形；展，指两唇舒展成扁平形或自然状态。例如发 i 音时，两唇展开，成扁平状；发 ü 音时，两唇撮成圆形。根据嘴唇的圆展，可把元音分成圆唇元音和不圆唇元音两种。

（1）a：舌面、央、低、不圆唇元音。

发音时，口腔大开，舌位低，舌头居中，嘴唇呈自然状态。如“沙发”“打靶”“发达”。

（2）o：舌面、后、半高、圆唇元音。

发音时，口腔半开，舌位半高，舌头后缩，嘴唇拢圆。如“泼墨”“薄膜”“伯伯”。

（3）e：舌面、后、半高、不圆唇元音。

发音状况大体像o，只是双唇自然展开成扁形。如“合格”“隔阂”“特色”。

（4）ê：舌面、前、半低、不圆唇元音。

发音时，口腔半开，舌位半低，舌头前伸，舌尖抵住下齿背，嘴角向两边自然展开，唇形不圆。如“耶”“姐”“爹”。在普通话里，ê很少单独使用，经常出现在i、ü的后面，在i、ü后面时，书写要省去符号“ˆ”。

（5）i：舌面、前、高、不圆唇元音。

发音时，口腔开度很小，舌头前伸，前舌面上升接近硬腭，气流通路狭窄，但不发生摩擦，嘴角向两边展开，呈扁平状。如“意义”“习题”“汽笛”。

（6）u：舌面、后、高、圆唇元音。

发音时，口腔开度很小，舌头后缩，后舌面上升接近硬腭，气流通路狭窄，但不发生摩擦，嘴唇拢圆成一小孔。如“图书”“互助”“入伍”。

（7）ü：舌面、前、高、圆唇元音。

发音时，口腔开度很小，舌头前伸，前舌面上升接近硬腭，但气流通过时不发生摩擦，嘴唇拢圆成一小孔。发音情况和i基本相同，区别在于念ü时嘴唇是圆的，念i嘴唇是扁的。如“语句”“聚居”“屈居”。

2. 舌尖单韵母

普通话语音有两个舌尖单韵母：一个是zi、ci、si音节的韵母，叫舌尖前韵母，即-i（前），另一个是zhi、chi、shi、ri音节的韵母，叫舌尖后韵母，即-i（后）。

（1）-i（前）：舌尖、前、高、不圆唇元音。

发音时，舌尖前伸，对着上齿背形成狭窄的通道，气流通过不发生摩擦，嘴唇向两边展开。用普通话念“私”并延长，字音后面的部分便是-i（前）。这个韵母只跟z、c、s配合，不和任何其他声母相拼，也不能自成音节。如“自私”“刺字”“此次”。

（2）-i（后）：舌尖、后、高、不圆唇元音。

发音时，舌尖上翘，对着硬腭形成狭窄的通道，气流通过不发生摩擦，嘴角向两边展开。用普通话念“师”并延长，字音后面的部分便是-i（后）。这个韵母只跟zh、ch、sh、r配合，不与其他声母相拼，也不能自成音节。如“知识”“事实”“值日”。

3. 卷舌单韵母

普通话里只有一个卷舌单韵母：er，卷舌、央、中、不圆唇元音。

发音时，口腔半开，开口度比 ê 略小，舌位居中，稍后缩，唇形不圆。在发 e 的同时，舌尖向硬腭轻轻卷起，不是先发 e，然后卷舌，而是发 e 的同时舌尖卷起。“er”中的 r 不代表音素，只是表示卷舌动作的符号。er 只能自成音节，不和任何声母相拼。如“儿孙”“而且”“耳朵”。

（二）复韵母

普通话中复韵母有 13 个：ai、ei、ao、ou、ia、ie、ua、uo、üe、iao、iou、uai、uei。复韵母的发音和单韵母不同，单韵母发音时，舌位、唇形及口腔开合度的大小，在整个发音过程中基本没有变化，而复韵母在发音过程中，不管是舌位、唇形还是口腔开合程度，都是有变化的。

复韵母虽然由两个或三个元音组成，可它并不是几个元音的简单相加，而是几个元音复合在一起，也就是舌位由一个元音舌位向另一个元音舌位滑动的结果。如 ai，是舌位从 a 的位置向 i 的方向滑动而发出来的音。

复韵母中的几个元音在韵母整体中的分量并不相等，其中只有一个元音是这个韵母的重心，在韵母以至在整个音节中的声音比较响亮、清晰，占的时间也长些，读起来也重一些，这个起重心作用的元音，叫主要元音，也叫作韵腹。

结构完整的复韵母可以分为韵头、韵腹、韵尾三部分，如 uai，韵头是韵母起头的元音 u，韵腹是韵母的主要元音 a，韵尾是韵母收尾的元音 i。

根据主要元音在韵母中位置的不同，可以把复韵母分为三类：前响复韵母、后响复韵母和中响复韵母。前响复韵母和后响复韵母都是由两个元音构成的，又叫“二合元音韵母”；中响复韵母是由三个元音构成的，又叫“三合元音韵母”。

1. 前响复韵母

前响复韵母共有四个：ai、ei、ao、ou。它们的共同特点是前一个元音清晰响亮，后一个元音轻短模糊，音值不太固定，只表示舌位滑动的方向。

（1）ai 发音时，先发 a，这里的 a 舌位靠前，念得长而响亮，然后舌位向 i 移动，不到 i 的高度。i 只表示舌位滑动的方向，音短而模糊。例如白菜（bái cài）、海带（hǎi dài）、买卖（mǎi mài）。

（2）ei 发音时，先发 e，比单念 e 时舌位靠前一点，这里的 e 是个中央元音，然后向 i 的方向滑动。例如配备（pèi bèi）、北美（běi měi）、黑霉（hēi méi）。

（3）ao 发音时，先发 a，这里的 a 舌位靠后，是个后元音，发得响亮，接着向 u 的方向滑动。例如高潮（gāo cháo）、报道（bào dào）、吵闹（chǎo nào）。

（4）ou 发音时，先发 o，接着向 u 滑动，舌位不到 u 即停止发音。例如后楼（hòu lóu）、收购（shōu gòu）、漏斗（lòu dǒu）。

2. 后响复韵母

后响复韵母共有五个：ia、ie、ua、uo、üe。它们的共同特点是前一个元音发音轻短，只表示舌位从那里开始移动，后面的元音发音清晰响亮。

（1）ia 发音时，i 表示舌位起始的地方，发得轻短，很快滑向前元音 a，a 发得长而响亮。例如加价（jiā jià）、假牙（jiǎ yá）、压下（yā xià）。

（2）ie 发音时，先发 i，很快发 ê，前音轻短，后音响亮。例如结业（jié yè）、贴切（tiē qiè）、趔趄（liè qie）。

（3）ua 发音时，u 念得轻短，很快滑向 a，a 念得清晰响亮。例如花褂（huā guà）、桂花（guì huā）、耍滑（shuǎ huá）。

（4）uo 发音时，u 念得轻短，舌位很快降到 o，o 清晰响亮。例如过错（guò cuò）、活捉（huó zhuō）、阔绰（kuò chuò）。

（5）üe 发音时，先发高元音 ü，ü 念得轻短，舌位很快降到 ê，ê 清晰响亮。例如雀跃（què yuè）、决绝（jué jué）。

后响复韵母在自成音节时，韵头 i、u、ü 分别改写成 y、w、yu。

3. 中响复韵母

中响复韵母共有四个：iao、iou、uai、uei。它们共同的发音特点是第一个元音轻短，最后一个元音含混，音值不太固定，只表示舌位滑动的方向，中间的元音清晰响亮。

（1）iao 发音时，先发 i，紧接着发 ao，使三个元音结合成一个整体。例如巧妙（qiǎo miào）、小鸟（xiǎo niǎo）、教条（jiào tiáo）。

（2）iou 发音时，先发 i，紧接着发 ou，使三个元音结合成一个整体。例如优秀（yōu xiù）、求救（qiú jiù）、牛油（niú yóu）。

（3）uai 发音时，先发 u，紧接着发 ai，使三个元音结合成一个整体。例如摔坏（shuāi huài）、外快（wài kuài）、怀揣（huái chuāi）。

（4）uei 发音时，先发 u，紧接着发 ei，紧密结合成一个整体。例如退回（tuì huí）、归队（guī duì）、追悔（zhuī huǐ）。

中响复韵母 iou、uei 前面加声母的时候，要省写成 iu、ui，例如 liu（留）、gui（归）等；不跟声母相拼时，则不能省写，须把 i、u 改换成 y、w，写成 you（油）、wei（威）等。

（三）鼻韵母

由一个或两个元音后面带上鼻辅音构成的韵母叫鼻韵母。鼻韵母共有 16 个：an、ian、uan、üan、en、in、uen、ün、ang、iang、uang、eng、ing、ueng、ong、iong。

1. 前鼻音韵母

（1）an 发音时，先发 a，然后舌尖向上齿龈移动，最后抵住上齿龈，发前鼻音 n。例如感叹（gǎn tàn）、灿烂（càn làn）、谈判（tán pàn）。

（2）en 发音时，先发 e，然后舌尖向上齿龈移动，抵住上齿龈，发鼻音 n。例如认真（rèn zhēn）、根本（gēn běn）、振奋（zhèn fèn）。

（3）in 发音时，先发 i，然后舌尖向上齿龈移动，抵住上齿龈，发鼻音 n。例如拼音（pīn yīn）、尽心（jìn xīn）、辛勤（xīn qín）。

（4）ün 发音时，先发 ü，舌尖向上齿龈移动，抵住上齿龈，气流从鼻腔通过。例如均匀（jūn yún）、军训（jūn xùn）、菌群（jūn qún）。

（5）ian 发音时，先发 i，i 轻短，接着发 an，i 与 an 结合得很紧密。例如偏见（piān jiàn）、先天（xiān tiān）、连年（lián nián）。

（6）uan 发音时，先发 u，紧接着发 an，u 与 an 结合成一个整体。例如贯穿（guàn chuān）、转弯（zhuǎn wān）、宦官（huàng guān）。

（7）uen 发音时，先发 u，紧接着发 en，u 与 en 结合成一个整体。例如春笋（chūn sǔn）、温存（wēn cún）、馄饨（hún tun）。

（8）üan 发音时，先发 ü，紧接着发 an，ü 与 an 结合成一个整体。例如轩辕（xuān yuán）、全权（quán quán）、涓涓（juān juān）。

注意：uen 跟声母相拼时，省写作 un，例如 lun（伦）、chun（春）。uen 自成音节时，不能省写 e，须把 u 改换成 w，写作 wen（温）。

2. 后鼻音韵母

（1）ang 发音时，先发 a。舌头逐渐后缩，舌根抵住软腭，气流从鼻腔通过。例如厂房（chǎng fáng）、沧桑（cāng sāng）、肮脏（āng zāng）。

（2）eng 发音时，先发 e，舌根向软腭移动，抵住软腭，气流从鼻腔通过。例如更正（gēng zhèng）、生冷（shēng lěng）、风筝（fēng zhēng）。

（3）ing 发音时，先发 i，舌头后缩，舌根抵住软腭，发后鼻音 ng。例如定型（dìng xíng）、命令（mìng lìng）、情境（qíng jìng）。ing 自成音节时，作 ying（英）。

（4）ong 发音时，舌根抬高抵住软腭，发后鼻音 ng。例如工农（gōng nóng）、红松（hóng sōng）、隆重（lóng zhòng）。

（5）iang 发音时，先发 i，接着发 ang，二者结合成一个整体。例如亮相（liàng xiàng）、想象（xiǎng xiàng）、两样（liǎng yàng）。

（6）iong 发音时，先发 i，接着发 ong，二者结合成一个整体。例如汹涌（xiōng yǒng）、穷凶（qióng xiōng）、炯炯（jiǒng jiǒng）。

（7）uang 发音时，先发 u，接着发 ang，由 u 和 ang 紧密结合而成。例如状况（zhuàng kuàng）、双簧（shuāng huáng）、霜状（shuāng zhuàng）。

（8）ueng 发音时，先发 u，接着发 eng，由 u 和 eng 紧密结合而成。ueng 自成音节，不拼声母。例如翁（wēng）、瓮（wèng）。

in、ün 自成音节时，写成 yin（音）、yun（晕）；iang、iong、uang、ueng 自成音节时，韵头 i、u 改写成 y、w。

另外注意：

（1）发 i、ai、ie、üe 时，唇形展开，呈微笑状。

（2）发 u、ao、iao 时，打开口腔，呈圆形。

（3）发 an、en、in、un 时，先发元音，然后舌尖向上齿龈移动，并抵住它，软腭随着下降，鼻音色彩加强，舌尖抵住上齿龈时，即停声，不要拖音。

（4）发 ang、eng、ing、ong 时，舌根向软腭移动，最后抵住软腭，气流从鼻腔流出。

三、韵母辨正

1. 区分前后鼻韵母

（1）舌位不同。发前鼻音 n 时，舌尖顶住上齿龈，不要松动，不要后缩；发后鼻音 ng 时，舌头后部高高隆起，舌根尽力后缩，抵住软腭。

（2）口形不同。发 n 时上下门齿是相对的，口形较闭；发 ng 时，上下门齿离得远一点儿，口形较开。

（3）音色不同。前鼻音 n 较尖细清亮，后鼻音 ng 的声音则浑厚响亮。

an	漫谈、繁难、淡蓝、坦然、橄榄
ian	变迁、偏见、电线、连绵、沿线
uan	贯穿、宽缓、专断、转弯、婉转
üan	渊源、全权、源泉、圆圈、轩辕
en	人参、本分、深圳、愤恨、沉闷
in	亲近、尽心、殷勤、金银、琴音
ün	均匀、逡巡、芸芸、军训、允许
uen	温顺、温存、昆仑、论文、分寸
ang	纲常、螳螂、上当、盲肠
iang	将相、想象、湘江、向阳
uang	狂妄、装潢、状况、双簧
eng	更正、风声、萌生、鹏程
ing	情景、倾听、命令、宁静
ueng	老翁、渔翁、水瓮、瓦瓮
ong	公众、轰动、总统、从容
iong	汹涌、穷凶、熊熊、炯炯

2. 区分 ian 和 uan 韵母

ian、uan 发音时，从前面的轻而短的元音滑到中间较响亮的主要元音，紧接着软腭逐渐降下来，鼻腔通路打开，舌尖往上齿龈移动，最后抵住上齿龈发 n，整个韵母发音完毕才移除阻碍。

（1）ian 发音实例。

单音节	烟、眼、厌、片、边、面、点、天、年、连、见、前、先、电、减、线、贬、贱
双音节	电线、简便、偏见、年限、鲜艳、牵连、见面
四音节	年富力强、坚持不懈、颠沛流离、点石成金、天造地设

（2）uan 发音实例。

单音节	完、万、晚、弯、段、团、暖、乱、关、宽、换、转、穿、栓、钻、窜、酸
双音节	贯穿、软缎、乱窜、专断、转弯、婉转、专款、转换、传唤、宦官、欢迎、专长、栓塞、软弱、钻石、团结、端正
四音节	欢天喜地、欢欣鼓舞、缓兵之计、关门大吉、冠冕堂皇、官样文章、轩然大波、环环相扣、川流不息、短兵相接、完璧归赵、宽大为怀

3. 区分韵母和 ie、üe 韵母

区分这两类韵母可以采用记少不记多的办法。另外还可以采用偏旁类推的办法帮助记忆。如：列—咧、冽、烈、裂、趔，厥—噘、橛、撅、蹶、镢、獗、蕨。

（1）ie 发音实例。

单音节	爹、铁、列、切、也、写、贴、捏、茄、接、别、瞥、灭、斜、借、瘪
双音节	贴切、结业、姐姐、节烈、铁鞋、谢谢、趔趄、结节
四音节	铁面无私、夜长梦多、别出心裁、锲而不舍、喋喋不休、切磋琢磨、切齿痛恨、别具一格、别开生面、别有天地、别有用心、借题发挥

（2）üe 发音实例。发音时注意 ü 的撮口，打开口腔。

单音节	决、却、略、虐、学、月、掠、掘、薛、约、雪
双音节	月缺、乐章、悦耳、血液、学界、决策、跃进、约束、月亮
四音节	绝无仅有、却之不恭、绝路逢生、略胜一筹、学以致用、雪上加霜、学而不厌、雪中送炭、血流成河、血气方刚、血肉相连

4. 区分 ai、uai 韵母和 ei、uei 韵母

区分这两类韵母可以采用记少不记多的办法。普通话 ei 韵母的字比 ai 韵母的字少，就记 ei 韵母，普通话 uai 韵母比 uei 韵母少，就记 uai 韵母。这两类韵母的区别主要是带不带鼻音的问题。

（1）ai 发音实例。

单音节	百、派、买、柴、开、来、摘、该、海、拆、晒、才、在
双音节	彩排、开采 、买卖、灾害、海带、白菜、晒台、拍卖、拆台、爱戴
四音节	爱莫能助、爱屋及乌、塞翁失马

（2）uai 发音实例。

单音节	快、拽、揣、怪、坏、摔、外、甩、拐、淮、块、踹、筷
双音节	外快、怀揣、摔坏、乖乖、甩卖、率领、衰败、外宾、揣摩、快乐
四音节	歪风邪气、外强中干、拐弯抹角、快马加鞭、率由旧章、宽大为怀、脍炙人口

（3）ei 发音实例。

单音节	被、没、陪、内、非、贼、黑、北、类、飞、杯、妹、给、雷
双音节	配备、肥美、蓓蕾、黑匪、妹妹、背煤、北美、北非、贝类
四音节	黑白分明、飞黄腾达、飞沙走石、飞扬跋扈、费尽心机、废寝忘食、悲欢离合、杯弓蛇影、背道而驰、爱憎分明、拍手称快、哀鸿遍野、开诚布公、开门见山、开天辟地

（4）uei 发音实例。

单音节	亏、归、腿、对、追、吹、回、水、催、最、为、岁、会、退、悔、锤
双音节	回归、回味、摧毁、溃退、水位、垂危、醉鬼
四音节	对答如流、推陈出新、归心似箭、微乎其微、瑞雪丰年、水乳交融、岁岁平安、灰心丧气、挥汗如雨、绘声绘色、回头是岸、危在旦夕

【技能实训】

朗读下面句段。

（1）白日依山尽，黄河入海流。欲穷千里目，更上一层楼。

（2）床前明月光，疑是地上霜。举头望明月，低头思故乡。

（3）碧玉妆成一树高，万条垂下绿丝绦。不知细叶谁裁出？二月春风似剪刀。

（4）作为人类灵魂的工程师——教师，理应是社会上的最潇洒者。教师的潇洒，体现在外表美与内在美的高度统一，衣着整洁、言行举止优雅脱俗，这正是教师工作的特点。教师具有丰富的学识，能言善辩、幽默睿智，看问题不偏激，胸怀旷达，堂堂正正地做人，勤勤恳恳地工作，教师充满爱心，对学生爱严有加，燃烧自己，照亮别人，为了春天甘作小草，为了理想无悔青春，这不正是最高意义上的潇洒么？

【任务拓展】

在声乐老师指导下学唱《在希望的田野上》，感受鼻韵母的发音规律。

在希望的田野上

作词：陈晓光　作曲：施光南

我们的家乡，在希望的田野上，
炊烟在新建的住房上飘荡，
小河在美丽的村庄旁流淌。
一片冬麦（那个），一片高粱，
十里（哟）荷塘，十里果香。
哎～咳哟～嗬　呀儿咿儿哟
咳！我们世世代代在这田野上生活，
为她富裕，为她兴旺。
我们的理想，在希望的田野上，
禾苗在农民的汗水里抽穗，
牛羊在牧人的笛声中成长。
西村纺花（那个），东岗撒网，
北疆（哟）播种，南国打场。
哎～咳哟～嗬　呀儿咿儿哟
咳！我们世世代代在这田野上劳动，
为她打扮，为她梳妆。
我们的未来，在希望的田野上，
人们在明媚的阳光下生活，
生活在人们的劳动中变样。
老人们举杯（那个），孩子们欢笑，
小伙儿（哟）弹琴，姑娘歌唱。
哎～咳哟～嗬呀儿咿儿哟
咳！我们世世代代在这田野上奋斗，
为她幸福，为她争光。
为她幸福，为她争光！

【活动评价】

请结合本次任务完成全过程，对自己的学习进行客观评价。

评价指标	评价结果	备注
1. 对普通话韵母类型有基本了解	优秀□ 良好□ 一般□ 合格□	
2. 能对普通话韵母进行详细分类	优秀□ 良好□ 一般□ 合格□	
3. 能正确找到普通话韵母发音部位，并掌握发音方法	优秀□ 良好□ 一般□ 合格□	
4. 能积极主动完成本次学习活动	优秀□ 良好□ 一般□ 合格□	
综合评价：		

任务七　普通话音节及其变化

案例导入

下列词语后标注了本调，请你读一读，说说你发现了什么？

展览馆　zhǎn lǎn guǎn

纸老虎　zhǐ lǎo hǔ

老老实实　lǎo lǎo shí shí

不要　bù yào

不给　bù gěi

一模一样　yī mú yī yàng

【知识储备】

一、普通话的音素与音节

（一）音素

音素是最小的语音单位，它是从音色的角度划分出来的，一般以字母的形式存在。如：“幼教”中“教”的音节为“jiào”，j 是声母，韵母可拆分成 i、a、o，且不可再往下分，j、i、a、o 就是音节“jiào”的最小语音单位，就是我们所说的音素。

根据发音规则，我们将发音时气流振动声带，在口腔、咽头不受阻碍而形成的音称作母音，即元音音素，如：a、o、e、i、u、ü、er 等。我们将发音时气流在咽头或口腔受到阻碍而形成的音称作子音，即辅音音素，如：b、p、m、f、d、t、n、l、g、k、h、j、q、x、zh、ch、sh、r、z、c、s、ng。发音时气流是否在口腔或咽头受阻是元音和辅音最主要的区别。发辅音时声带不一定振动，声音一般不响亮；发元音时，声带一定振动，声音明显比辅音响亮。

（二）音节

音节是由音素构成的最小语言单位。音节从结构上可以分为声母、韵母和声调三部分。韵母又分为韵腹、韵头、韵尾三个部分。因此，一个音节可以细分为五个部分，但并不是所有的音节都必须同时具备这五个部分，如：一（yī）、安（ān）。一个音节可以没有声母，但不能没有韵母和声调，韵母中可以没有韵头和韵尾，但不能没有韵腹；一个音节可以没有辅音，但不能没有元音。元音可以出现在音节的任何位置（在音节开头时称“零声母”），而且可以连续出现，如：赖（lài）、爱（ài）。辅音只能出现在音节的开头或末尾。普通话的一个音节最少由一个音素构成，如：啊（ā）、哦（ō）。一般来说，除了儿话音的词，是一个音节表示两个汉字外，基本上一个汉字的读音就是一个音节，如：

花儿（huār）、玩儿（wánr）等，一个汉字最多由四个音素组成，如：装（zhuāng），就包括“zh”“u”“a”“ng”四个音素。

二、普通话的连续变调

在语流中，由于受到相邻音节相邻音素的影响，一些音节中的声母、韵母或声调会发生一定的改变，我们把这种现象称作语流音变。主要包括：连续变调、轻声变化、儿化变化、语气词“啊”的变化和词的轻重格式等。

普通话中两个及以上连续的音节在发音时，由于受前后音节的影响，有些音节的声调会发生变化，这种现象叫作普通话的连续变调，其中最常见的是上声的变调和“一”“不”的变调。

（一）上声的变调

（1）若两个上声音节连读，前一个音节的调值由 214 变化为 35。如：演讲、领导、老虎等。

（2）若两个上声音节连接，后一个音节作轻声时，前字有两种不同的变调。

当后字先变读轻声时，前字调值由 214 变为 21。如：姐姐（jiě jie）、奶奶（nǎi nai）、嫂子（sǎo zi）等。

当前字先发生变调，后字才读轻声时，前字调值由 214 变为 35。如：打手（dǎ shou）、哪里（nǎ li）、小姐（xiǎo jie）等。

（3）若三个上声音节连读时，词语内部的结构不同，变调规律也不同。通常分“1+2 式”和“2+1 式”两种情况。

“1+2 式”的调值分别为 21、35、214。如：很勇敢、小老虎、好领导、解谜底等。

“2+1 式”的调值分别为 35、35、214。如：展览馆、管理组、手写体等。

（4）若上声音节在非上声音节前时，调值由 214 变为 21。如：首都、海洋、解谜等。

（二）“一”“不”的变调

“一”的调值是 55，“不”51，“一”和“不”以单字形式出现或在词语末尾时都读原调。其他情况的变调大致可分为以下几种：

（1）若在去声前时，调值一律变为 35。如：一样、一项、不够、不看等。

（2）若在动词中间构成 ABA 式词时，一律读轻声。如：想一想、看一看、走不走、管不管等。

（3）若“一”在非去声音节前时，调值变为 51。如：一边、一年、一起等。

（4）若“不”在补语中时，可能读轻声。如：干不了、做不好、吃不消、了不得等。

三、普通话的轻声

每个音节都有它的声调，但是在句子或词语中有时会失去它原来的声调。轻声是四声的一种特殊变调，一般用于区别词性和词义。四声中的任何一个音调都可以变化为轻声，所以轻声并不是四声之外的第五种声调。

（一）轻声对词性和词义的影响

（1）“对头”，读“duì tóu”时是形容词，表示正确、正常、合得来；读“duì tou”时是名词，表示仇敌、敌对的方面、对手。

（2）“地道”，读“dì dào”时是名词，表示地面下的交通坑道（多用于军事）；读“dì dao”时是形容词，表示正宗的、实在的、真正的。

（3）“精神”，读“jīng shén”时是名词，表示人的思维、心理状态、宗旨；读“jīng shen”时可作名词，表示展现出来的活力；也可作形容词，表示活跃、有生气、形象好。

诸如此类的词还有“裁缝”“大意”“言语”“买卖”“规矩”等。

（二）变读轻声的规律

（1）通常语气词、助词、名词后缀、量词等读作轻声。如：“走吧”“慢慢地”“桌子”“两个”等。

（2）部分动词充当补语时读作轻声。如：“拿来”“站起来”“交出来”“扔过来”“趴下去”等。

（3）部分名词、代词后的方位词读作轻声。如：“桌上”“地下”“口袋里”“后边”等。

（4）重叠名词的后一个音节读作轻声。如：“爸爸”“妈妈”“姐姐”“弟弟”“姥姥”等。

（5）重叠动词的后一个音节读作轻声。如：“说说”“尝尝”“看看”“想想”“问问”“试试”等。

（6）一些常用的双音节词的后一个音节读作轻声。如：“扎实”“舒服”“口袋”“漂亮”“新鲜”等。

四、普通话的儿化

儿话音有着修饰作用。儿话音并不是在音节后加一个单独的音节“er”，而是在音节最末一个音素后加音素“r”使舌头自然卷起。儿化音也有区别词性和词义的作用，可以加强感情色彩，使词语具有口语色彩。如：“白兔儿”“宝贝儿”“小花儿”等。

（一）儿化对词义的影响

（1）“头”指脑袋；“头儿”指领头的首领。

（2）“门”指房子的一部分；“门儿”指办法。

（3）“信”指书信；“信儿”指消息。

（二）儿化对词性的影响

（1）“活”可作动词或形容词，表示生存或灵活；“活儿”是名词，表示工作或产品。

（2）“盖”可作动词，表示遮掩或按压；“盖儿”是名词，表示器物上封口的用具。

（3）“画”可作动词，表示用笔绘图或用笔做标记；“画儿”是名词，表示画成的艺术品。

（三）儿化对词的感情色彩的影响

（1）儿化可表示细小的事物。如：“沫儿”“丝儿”“味儿”等。

（2）儿化可表示对某事物的喜爱。如：“小曲儿”“花儿”“云朵儿”等。

（3）儿化可表示亲切的感情色彩。如：“妮儿”“胖墩儿”“娃儿”等。

（四）儿化的变调

（1）韵腹是 a、o、e、u 或韵尾是 u，直接在音节最后一个音素后加卷舌。如：“白兔儿”“老头儿”“花儿”等。

（2）韵尾是 i，去掉 i 再加上卷舌。如：“小孩儿”“一块儿”“鞋带儿”等。

（3）韵尾是 ng 或 n，去掉韵尾，韵腹鼻化再加卷舌。如：“电影儿”“小虫儿”“板凳儿”等。

（4）单韵母 i 或 ü，在后加 er。若是舌尖元音 -i，去掉 -i 再加 er。如：“米粒儿”“鱼刺儿”“没事儿”等。

五、语气词“啊”的变化

语气词“啊”通常在句末或句中用于加强语气，由于受到前字音节末尾音素的影响，读音也会相应地发生变化。

（一）“啊”字在句首作叹词时的声调变化

（1）表示惊异赞叹时读一声。如：“啊！黄继光突然站起来了！在暴风雨一样的子弹中站起来了！”

（2）表示追问时读二声。如：“啊？你说什么呀？”

（3）表示惊疑时读三声。如：“啊，这难道是我的影子吗？”

（4）表示应答的、明白过来时读四声。

①表示应诺（音较短）。如：“啊，好吧，我就去。”②表示明白过来（音较长）。如：“啊！原来就是找个树杈，挺简单，我会了。”

（二）“啊”字在句尾作助词时的读音变化

“啊”字在句尾时作助词，由于受到前面句子音节尾音音素的影响，读音发生如下变化。

（1）若前面音素是 a、o、e、i、ü 时，“啊”读作“ya”，同“呀”。如“说啊”“写啊”等。

（2）若前面音素是 u（包括 ao、iao）时，“啊”读作“wa”，同“哇”。如“要啊”“好啊”“哭啊”等。

（3）若前面音素是 n 时，“啊”读作“na”，同“哪”。如“看啊”“信啊”等。

（4）若前面音素是 ng 时，“啊”读作“nga”。如“听啊”“想啊”等。

（5）若前面音素是 -i（前）时，“啊”读作“za”。如“第一次啊”“耗子啊”等。

（6）若前面音素是 -i（后）时，“啊”读作“ra”。如“吃啊”“好事啊”等。

六、词的轻重格式

由于语音习惯和感情需要，词语在发音时会有轻重的现象，我们把这种现象称作轻重格式，通常可以分为轻、中、重三种情况。

（一）双音节词的轻重格式

双音节词有“中重”，如：“理论”“自然”等；“重中”，如：“重量”“气味”等；“重轻”，如：“力气”“棉花”等。

（二）三音节词的轻重格式

三音节词有“中中重”，如：“天安门”“展览馆”等；“中重轻”，如：“过日子”“卖关子”等；“中轻重”，如：“吃不消”“大不了”等。

（三）四音节词的轻重格式

四音节词有“中重中重”，如：“龙飞凤舞”“丰衣足食”等；“中轻中重”，如：“老实巴交、糊里糊涂”等；“重中中重”，如：“心如刀割”“义不容辞”等。

【技能实训】

一、上声变调

（一）上声在非上声前调值变为211

上阴　水乡　许多　股东　雪山　虎威

上阳　主持　好评　解读　羽毛　吻痕

上去　鼓动　坦率　感谢　可恶　美梦

（二）上声在上声前调值变为35

赏脸　友好　晌午　美好　耻辱　总理

稳妥　洗手　整理　水浒　起始　死海

（三）三个上声连续，当词语的结构是“双单格”时调值分别为35、35、214

体检表　管理者　胆小鬼　广场舞　展览馆

手写体　雨水井　洗脸水　采访组　演讲稿

（四）三个上声连续，当词语的结构是“单双格”时调值分别为211、35、214

米老鼠　纸老虎　有理想　很勇敢　小雨点

好产品　等采访　数水果　老首长　想整理

二、“一、不”变调

（一）“一”的变调

1. 在阴平调前，“一”的调值为51

一天　一般　一生　一家　一斑

一颗　一株　一杯　一锅　一升

2. 在阳平调前，“一”的调值为51

一年　一条　一直　一群　一时

一瓶　一层　一毛　一篮　一回

3. 在上声调前，“一”的调值为 51

一亩　一起　一手　一宿　一准

一碗　一脸　一眼　一举　一篓

4. 在去声调前，“一”的调值为 35

一夜　一切　一致　一律　一共

一向　一并　一块　一瞬　一去

5. 作补语念轻声

瞧一瞧　走一走　跑一跑　跳一跳　试一试

看一看　抱一抱　写一写　歇一歇　等一等

（二）“不”的变调

1. 在去声调前，“不”的调值为 35

不要　不错　不是　不再　不认识

不愿　不会　不对　不去　不漂亮

2. 作补语念轻声

起不来　说不定　用不着　差不多　等不及

能不能　会不会　贵不贵　对不对　认识不认识

三、轻声变调

（一）阴平后面的轻声变调

巴掌　差事　包袱　包涵　鞭子　拨弄

称呼　眯缝　答应　耽搁　铺盖　灯笼

（二）阳平后面的轻声变调

篮子　累赘　篱笆　连累　凉快　聋子

粮食　明白　名堂　娘家　狍子　脾气

（三）上声后面的轻声变调

膀子　本事　扁担　打点　打扮　耳朵

稿子　寡妇　幌子　脊梁　喇嘛　懒得

（四）去声后面的轻声变调

壮实　帐篷　状元　笑话　唾沫　亲家

念叨　镊子　疟疾　冒失　困难　利落

四、儿话音变调

（一）原韵母不变

号码儿　小猴儿　模特儿　丑角儿　大伙儿

好好儿　刀把儿　老头儿　面条儿　挨个儿

（二）韵尾变 r 或 er

小孩儿　一点儿　串门儿　扣眼儿　冰棍儿

打盹儿　刀背儿　单弦儿　够本儿　快板儿

（三）主要元音后边加 er 或换 er 的词语

金鱼儿　瓜子儿　橘汁儿　针鼻儿

咬字儿　铜子儿　枪子儿　玩意儿

（四）后鼻韵母儿化词语

药方儿　打鸣儿　鼻梁儿　透亮儿

电影儿　胡同儿　甜杏儿　蛋黄儿

五、语气词“啊”的变调

（一）前面音节末尾音素是 a、o、e、i、e、ü 的读作 ya（呀）

1. 快去叫他啊！

2. 你去说啊！

3. 快拿定主意啊！

（二）前面音节的末尾音素是 u、ao、iao 的读作 wa（哇）

1. 你过得好啊？

2. 多大的土啊？

3. 那几个人的气真不小啊？

（三）前面音节的末尾音素是 n 时前鼻音读作 na（哪）

1. 这鱼多鲜啊！

2. 你答得真准啊！

3. 这人的一生多悲惨啊！

（四）前面音节开尾音素是 ng 的后鼻音读作 nga（啊）

1. 这孩子多漂亮啊！

2. 你要声望心听啊！

3. 遇到情况要及时反映啊！

（五）前面音节的末尾音素是 -i（前）读作 za

1. 你到北京几次啊！

2. 多好的陶瓷啊！

3. 多美的蚕丝啊！

（六）前面音节的末尾音素是 -i（后）读作 ra

1. 多好的同志啊！

2. 月饼真好吃啊！

3. 这房间太潮湿啊！

六、词的轻重格式

（一）双音节词的轻重格式

中重：国家　出版　烟火　陆军　蝴蝶
　　　人人　伟大　日常　理论　雷锋

重中：工人　情感　手艺　声音　娇气
　　　妻子　视觉　突然　父亲　价值

重轻：椅子　萝卜　石头　痛快　棉花
　　　耳朵　力气　衣服　行礼　豆腐

（二）三音节词的轻重音格式

中中重：炊事员　天安门　西直门　播音员　打字机

中重轻：胡萝卜　好家伙　同学们　卖关子　牛脾气

中轻重：吃不消　吃不下　说得好　大不了　对不起

（三）四音节词的轻重音格式

中重中重（多为联合关系词）：五光十色　丰衣足食　鹤唳风声　风生水起　龙飞凤舞

中轻中重（多为专有名词）：二氧化碳　奥林匹克　综合素质　马马虎虎　磕磕绊绊

重中中重（多为偏正短语）：心如刀割　义不容辞　美不胜收　提心吊胆　完璧归赵

【任务拓展】

一、上声变调练习

西洲曲（节选）

采莲南塘秋，莲花过人头。

低头弄莲子，莲子清如水。

置莲怀袖中，莲心彻底红。

忆郎郎不至，仰首望飞鸿。

丰收

金蝉操琴蝴蝶舞，青蛙蝈蝈敲锣鼓。

农村八月多欢乐，满场满院堆五谷。

天使的吻痕

【美】詹姆斯·摩尔

大学时代我认识了一个年轻人，他脸上有一块巨大而且丑陋的胎记，紫红的胎记从他的右侧眼角一直延伸到嘴唇，看上去就好像有人在他脸上划过一刀。英俊的脸由于胎记而变得狰狞吓人。但外表的缺陷却掩盖不了这个年轻人的友善、幽默、积极向上的性格，凡是和他打过交道的人，都会不由自主地喜欢上他。他还经常参加演讲。刚开始，观众的表情总是惊讶、恐惧，但等到他讲完，人人都心悦诚服，场下掌声雷动。每当这时，我都暗暗叹服他的勇气。那块胎记一定曾带给他深深的自卑，并不是每个人都能克服这么严重的心理障碍，在众人惊疑的目光里言谈自如。

当我们成为最好的朋友后，有一天，我向他提出藏在心里的疑问："你是怎么应付那道胎记的呢？"我言下之意是：你是怎么克服那块胎记带给你的尴尬和自卑的？他的回答让我一辈子也不会忘记。

他说："应付？我向来以它为荣啊！在我很小的时候，我父亲就告诉我：'儿子，你出生前我向上帝祷告，请他赐给我一个与众不同的孩子，于是上帝给了你特殊的才能，还让天使给你做了一个记号。你脸上的标记是天使吻过的痕迹，他这样做是为了让我在人群中一下子就能找到你。当看到你和别的婴儿一起睡在婴儿室里时，我立刻知道，你是我的孩子！'"

他接着说："小时候，父亲一有机会就给我讲这个故事，所以我对自己的好运气深信不疑。我甚至会为那些脸上没有红色的'吻痕'的孩子难过。我当时以为，陌生人的惊讶是出于羡慕。于是我更加积极努力，生怕浪费上帝给我的特殊才能。长大以后，我仍然觉得父亲当年并没有骗我：每个人都从上帝那儿得到特殊的才能，而每个孩子对父母来说都是与众不同的。而正因为有了这块胎记，我才会不断奋斗，取得今天的成绩，它何尝不是天使的吻痕、幸运的标记呢！"

二、"一""不"的变调练习

一心一意干工作

干什么工作都要一心一意，言行一致，表里如一，埋头苦干，踏踏实实。不能有了成绩就骄傲，不能遇到困难就退缩。工作不要一高一低像波浪似的，要始终如一、积极进取，干什么都要不折不扣，不讲价，不怨恨，不说丧气话。

旧的不去，新的不来

冬冬不小心打碎了一个花瓶，他急得团团转不可开交。爸爸见了不动声色，这使冬冬更不知所措。妈妈不慌不忙地走过来，和蔼地安慰冬冬说："今天这个花瓶不是你故意打碎的，妈妈不批评你。不过，以后干事情可不要再粗心了。"冬冬歉意地点了点头。接着，爸爸又风趣地说："旧的不去，新的不来嘛！"这才使冬冬心头的一块石头落了地，连连向爸爸妈妈表示说："以后我再也不粗心大意，不管不顾了。"

交公粮

王老汉手拿一根不长不短的鞭子，赶着一辆不新不旧的大马车，拉着满车不计其数的公粮，奔驰在不宽不窄的大道上。到了粮库门口，不慌不忙地停住了那辆不新不旧的大马车，不声不响地放下了手中那根不长不短的鞭子，他不遗余力地肩扛一包一包不计其数的公粮，不厌其烦地装进了国家的大仓房。

三、轻声变调练习

屋子里有箱子

屋子里有箱子，箱子里有匣子，
匣子里有盒子，盒子里有镯子；
镯子外面有盒子，盒子外面有匣子，
匣子外面有箱子，箱子外面有屋子。

天上日头

天上日头，嘴里舌头，
地上石头，桌上纸头，
手掌指头，树上枝头，
集上市头，天上日头。

四、儿化变调练习

数枣儿歌

出东门儿，过大桥儿，大桥底下一树枣儿。拿起竹竿子去打枣儿，青的多，红的少。一个枣儿、两个枣儿、三个枣儿、四个枣儿、五个枣儿、六个枣儿、七个枣儿、八个枣儿、九个枣儿、十个枣儿。这是一段儿绕口令儿，一气儿说完才算好。

今儿个天儿真好

今儿个天儿真好，万里无云大晴天儿。一大早儿我就和小王儿俩儿到海边儿去遛弯儿。啊！这海边儿多美啊。你看，天连水，水连天，一眼望不到边儿。一阵儿阵儿的海风吹过来，凉丝儿丝儿的。沙滩上大大小小、五颜六色的贝壳儿，更是迷人。大个儿的就像是个小花扇儿，小的就像小纽扣儿那么一丁点儿，那贝壳儿上的一道儿道儿的花纹儿都是那样儿的清晰。我们看看这个好玩儿就装在口袋儿里，不一会儿我们就拣了满满儿一口袋儿小贝壳儿和小海螺儿了。

五、“啊”变调练习

（一）句段练习

哎哟，您快快看孩子啊（zi—za）！
你这样做真是不应该啊（gai—ya）！
唉，今天好累啊（lei—ya）！
大家都来看啊（kan—na）！
你说是不是啊（shi—ra）！
原来孩子们都喜欢画画啊（hua—ya）！
就等你回家啊（jia—ya）！

哎呀，干吗生那么大的气啊（qi—ya）！

哈哈，这孩子真逗啊（dou—ua）！

啊，太阳好红啊（hong—nga）！

她们舞跳得真棒啊（bang—nga）！

啊，晚了，快走啊（zou—ua）！

（二）绕口令练习

鸡鸭猫狗

鸡啊、鸭啊、猫啊、狗啊，
一块儿在水里游啊！
牛啊、羊啊、马啊、骡啊，
一块儿进鸡窝啊！
狼啊、虎啊、鹿啊、豹啊，
一块儿在街上跑啊！
兔儿啊、鼠儿啊、虫儿啊、鸟儿啊，
一块儿上窗台儿啊！

六、词的轻重格式

滕王阁序

豫章故郡，洪都新府。星分翼轸（zhěn），地接衡庐。襟三江而带五湖，控蛮荆而引瓯（ōu）越。物华天宝，龙光射牛斗之墟；人杰地灵，徐孺下陈蕃（fān）之榻。雄州雾列，俊采星驰，台隍（huáng）枕夷夏之交，宾主尽东南之美。都督阎公之雅望，棨（qǐ）戟遥临；宇文新州之懿（yì）范，襜（chān）帷（wéi）暂驻。十旬休假，胜友如云；千里逢迎，高朋满座。腾蛟起凤，孟学士之词宗；紫电清霜，王将军之武库。家君作宰，路出名区；童子何知，躬逢胜饯。

时维九月，序属三秋。潦（lǎo）水尽而寒潭清，烟光凝而暮山紫。俨（yǎn）骖騑（cān fēi）于上路，访风景于崇阿（ē）。临帝子之长洲，得天人之旧馆。层峦耸翠，上出重霄；飞阁流（一作翔）丹，下临无地。鹤汀（tīng）凫（fú）渚（zhǔ），穷岛屿之萦（yíng）回；桂殿兰宫，即（一作列）冈峦之体势。

披绣闼（tà），俯雕甍（méng）。山原旷其盈视，川泽纡（yū）其骇瞩。闾（lǘ）阎（yán）扑地，钟鸣鼎食之家；舸（gě）舰弥津，青雀黄龙之舳（zhú）。云销雨霁（jì），彩彻区明［或作虹销雨霁，彩彻云衢（qú）］。落霞与孤鹜（wù）齐飞，秋水共长天一色。渔舟唱晚，响穷彭蠡（lǐ）之滨；雁阵惊寒，声断衡阳之浦。

遥襟甫畅，逸兴遄（chuán）飞。爽籁发而清风生，纤歌凝而白云遏（è）。睢（suī）园绿竹，气凌彭泽之樽；邺（yè）水朱华，光照临川之笔。四美具，二难并。穷睇眄（dì miǎn）于中天，极娱游于暇日。天高地迥（jiǒng），觉宇宙之无穷；兴尽悲来，识盈虚之有数。望长安于日下，目吴会（kuài）于云间。地势极而南溟（míng）深，天柱高而北辰远。关山难越，谁悲失路之人；萍水相逢，尽是他乡之客。怀帝阍（hūn）而不见，奉宣室以何年。

嗟（jiē）乎！时运不齐，命途多舛（chuǎn）；冯唐易老，李广难封。屈贾谊（yì）于长沙，非无圣主；窜梁鸿于海曲，岂乏明时？所赖君子见机，达人知命。老当益壮，宁移白首之心？穷且益坚，不坠青云之志。酌贪泉而觉爽，处涸辙（hé zhé）以犹欢。北海虽赊（shē），扶摇可接；东隅（yú）已逝，桑榆非晚。孟尝高洁，空余报国之情；阮籍猖狂，岂效穷途之哭！

勃，三尺微命，一介书生。无路请缨，等终军之弱冠（guàn）；有怀投笔，慕宗悫（què）之长风。舍簪（zān）笏（hù）于百龄，奉晨昏于万里。非谢家之宝树，接孟氏之芳邻。他日趋庭，叨（tāo）陪鲤对；今兹捧袂（mèi），喜托龙门。杨意不逢，抚凌云而自惜；钟期既遇，奏流水以何惭？

呜呼！胜地不常，盛筵（yán）难再；兰亭已矣，梓（zǐ）泽丘墟。临别赠言，幸承恩于伟饯；登高作赋，是所望于群公。敢竭鄙怀，恭疏短引；一言均赋，四韵俱成。请洒潘江，各倾陆海云尔。

滕王高阁临江渚，佩玉鸣鸾罢歌舞。
画栋朝飞南浦云，珠帘暮卷西山雨。
闲云潭影日悠悠，物换星移几度秋。
阁中帝子今何在？槛外长江空自流。

【活动评价】

请结合本次任务完成全过程，对自己的学习进行客观评价。

评价指标	评价结果	备注
1. 对音节的结构及其特点有基本了解	优秀□　良好□　一般□　合格□	
2. 基本了解音节的拼读与拼写方法	优秀□　良好□　一般□　合格□	
3. 基本掌握语流音变的规律	优秀□　良好□　一般□　合格□	
4. 基本掌握词的轻重格式	优秀□　良好□　一般□　合格□	
5. 能积极主动完成本次学习活动	优秀□　良好□　一般□　合格□	
综合评价：		

任务八 普通话测试指导

案例导入

张艳是一名优秀的幼儿保育专业学生，经过三年中职学习，她以优异成绩考进了省内一所优质职业技术学院的学前教育专业继续学习。转眼就要大学毕业了，她根据自己的规划，顺利通过了幼儿教师资格考试的笔试和面试。她异常兴奋地到指定教育局申请办理幼儿教师资格证，办证人员在审阅完她的申报资料后，郑重告知她办不了，因为她的普通话水平等级证书上面显示普通话测试成绩为 86.8 分，等级为“二级乙等”。她这才想起，在中职学习以来，她先后参加了两次普通话水平测试，她手里拿的是第一次考试获取的证书，第二次考试成绩为 89 分，等级为“二级甲等”，而这个证书还在家里。张艳回家取来“二级甲等”的普通话证书，才成功申请办理了幼儿教师资格证。

据了解，申请办理教师资格证的人员普通话水平等级要求达到二级乙等及以上才合格，报考语文教师和幼儿教师资格证的人员，普通话水平等级则要达到二级甲等及以上才算合格。

同学们，你们知道这个要求吗？

【知识储备】

一、了解普通话水平测试

（一）普通话水平测试的性质及作用

普通话水平测试是国家级资格证书考试，由国家专门机构主持，资格证书全国通用。普通话水平测试主要考察应试人的普通话规范程度、熟练程度。应试人在运用普通话口语进行表达过程中所使用的语音、词汇、语法规范程度，是评定其所达到水平等级的重要依据，属于标准参照性考试。普通话水平测试旨在检测应试人从方言转到标准语的口语运用能力，主要测查应试人运用普通话的语言水平，而不是对应试人普通话系统知识的考试，也不是文化水平考核，更不代表对口才的评估。

普通话水平测试是为适应我国现代化建设的客观需要，基于推广普通话走向规范化、制度化的需要应运而生的。普通话水平测试不仅能够促进应试人员普通话水平的提高，还能促进全社会语言规范意识的提高。教师普通话水平的提高和“达标”，能直接影响和帮助广大学生提高普通话水平，从而有力提升全国校园普通话应用水平。加强普通话水平测试，提高全民普通话水平，把普通话水平等级证纳入职业资格准入制度，对于促进我国各民族交流和团结，促进国家进步与发展，促进与港澳台同胞的密切交往和对祖国的认同感、亲切感，有着十分重要的现实意义和政治意义。

（二）普通话水平测试的项目及分值

普通话水平测试方式为口试，包括朗读单音节字词、多音节词语、短文和命题说话四个项目，满分为100分。

（1）朗读单音节字词（100个音节，不含轻声、儿化音节），限时3.5分钟，共10分。

（2）朗读多音节词语（100个音节），限时2.5分钟，共20分。

（3）朗读短文（1篇，400个音节），限时4分钟，共30分。

（4）命题说话，限时3分钟，共40分。

（三）普通话水平等级的确定及标准

普通话水平分为三级六等，具体划分及标准为：

一级甲等（得分≥97分）：朗读和自由交谈时，语音标准，词汇、语法正确无误，语调自然，表达流畅，总失分率控制在3%以内。

一级乙等（97分>得分≥92分）：朗读和自由交谈时，语音标准，词汇、语法正确无误，语调自然，表达流畅，偶有字音、字调失误，总失分率控制在8%以内。

二级甲等（92分>得分≥87分）：朗读和自由交谈时，声、韵、调发音基本准确，语调自然，表达流畅。少数难点音（平翘舌音、前后鼻尾音、边鼻音等）有时出现失误，词汇、语法极少有误。总失分率控制在13%以内。

二级乙等（87分>得分≥80分）：朗读和自由交谈时，个别调值不准，声韵母发音有不到位现象。难点音（平翘舌音、前后鼻尾音、边鼻音、fu–hu、z–zh–j，送气不送气，i–ü不分，保留浊塞音、浊塞擦音、丢介音、复韵母单化音等）失误较多。方言语调不明显，但有使用方言词、方言语法的情况。总失分率控制在20%以内。

三级甲等（80分>得分≥70分）：朗读和自由交谈时，声韵母发音失误较多，难点音超出常见范围，声调调值多不准。方言语调较明显。词汇、语法有失误。总失分率控制在30%以内。

三级乙等（70分>得分≥60分）：朗读和自由交谈时，声韵调发音失误较多，方音特征突出，方言语调明显。词汇、语法失误较多。外地人听其谈话有听不懂情况。总失分率控制在40%以内。

（四）普通话水平测试的对象及等级要求

国家语言文字工作委员会规定，下列人员应接受普通话水平测试并达到规定的等级。

（1）师范系统的教师和毕业生，普通话水平不得低于二级，其中普通话语音课教师和口语课教师必须达到一级。

（2）普教系统的教师和职业中学与口语表达密切相关专业的毕业生，普通话水平不得低于二级。

（3）非师范类高等院校的教师以及与口语表达密切相关专业的毕业生，普通话水平不得低于二级。

（4）广播电视教学的教师，普通话水平不得低于二级。

（5）报考教师资格的人员，普通话水平不得低于二级。

（6）国家级和省级广播电台、电视台的播音员和节目主持人，普通话水平必须达到一级甲等；其余广播电台、电视台的播音员和节目主持人的达标要求由广播电视部另行规定。

（7）电影、话剧、广播剧、电视剧等表演、配音员和播音、主持人专业以及电影、话剧表演专业的教师和毕业生，普通话水平必须达到一级。

（8）其他应当接受普通话水平测试的人员（公务员、律师、医护人员、导游员、讲解员、公共服务行业的营业员等），其达标等级可根据不同地区、不同行业特点由国家语言文字工作委员会（后简称语委）确定。

（五）普通话计算机辅助测试的流程及注意事项

普通话水平测试有人工测试和计算机辅助测试两种形式。国家语言文字工作委员会从 2010 年 9 月开始在全国开展计算机辅助普通话水平测试试点工作，经过十余年的运行，计算机辅助测试已经逐步取代了人工测试。目前，普通话计算机辅助测试主要是利用计算机作为测试工具辅助开展普通话的测试和管理工作，计算机测试系统自动完成对考生前三项的评分任务，第四项则由测试员登录国家普通话水平测试信息管理系统接受任务，在线完成人工测评操作。

计算机辅助普通话水平测试流程为：考生登录→核对考生信息→试音→考试→提交试卷。各环节注意事项为：

1. 佩戴耳机

应试人就座后戴上耳机（麦克风应在脸颊左侧），并将麦克风置于距离嘴巴 2~3 厘米的位置，然后听总控指令进行登录等后续操作事项。

2. 考生登录

屏幕出现登录界面后，考生根据提示通过指纹或填入自己的准考证号进行登录。若输入有误，单击“修改”按钮重新输入登录。

3. 核对考生信息

考生登录成功后，测试机屏幕上会显示考生个人信息，考生应仔细核对自己信息是否与所显示信息相符。核对无误后，单击“确认”按钮继续。核对时若发现错误，须点击“返回”按钮重新登录。

4. 考生试音

进入试音页面后，考生会听到系统的提示语，提示语结束后，须以适中的音量和语速朗读页面呈现的句子，进行试音。若试音顺利，系统会出现“试音结束”的对话框，此时点击“确认”按钮，进入下一程序。若试音失败，则需提高朗读音量并根据系统提示重新进行试音。

5. 正式测试

普通话水平测试共有 4 个测试项，每个测试项开始前都有一段语言提示，语言提示结束会发出“嘟”的结束提示音，这时，考生才可以开始测试。测试过程中，考生应注意以下几点：

（1）吐字清晰，语速适中，音量尽量与试音时保持一致。

（2）关注屏幕下方时间提示条的提示，注意掌握时间。

（3）每项测试结束，考生可单击屏幕右下方“下一题”按钮，进入下一项测试。若某项测试规定的时间用完，系统会自动跳转下一项试题。

（4）测试时，考生不能说与该测试项无关的内容，以免影响评分。

（5）若遇计算机或系统问题，考生可以申请工作人员予以解决。

6. 结束测试

所有测试项测试结束，考生应点击屏幕中央的“确定”按钮结束测试，然后摘下耳机轻放在指定位置，经工作人员确认后及时离开测试室。

二、字词认读测试指导

（一）单音节字词测试指导

单音节字词主要测查考生掌握声母、韵母、声调读音的标准程度。100 个音节中，每个声母出现次数一般不少于 3 次，每个韵母出现次数一般不少于 2 次，4 个声调出现次数大致均衡。

1. 单音节字词认读评分标准

（1）一个音节误读（含漏读），扣 0.1 分。

语音错误是指把一个音读成另外一个音（即认读别字），如：把“张”读成“李”，把“牛”读成“刘”。

（2）一个音节缺陷，扣 0.05 分。

语音缺陷是指声、韵、调发音部位不够准确或不到位，使语音介于正确和错误之间。如：zh、ch、sh、r 的发音部位明显靠前或靠后；z、c、s 的发音部位明显靠前或读成齿间音；j、q、x 的发音部位明显靠前，近似 z、c、s；把合口呼 u、uo 的零声母读成唇齿浊擦音［v］；er 韵母有卷舌色彩但生硬或舌位明显有误差；无鼻音的音节明显带有鼻化色彩；o 韵母归音不到位，近似于 i；ai、an 中的前 a［a］明显偏后，ang、uang 中的后 a［ɑ］明显偏前；调值音高明显不够，或时值过短而不到位，把上声的 214 读成 211 等。

（3）超时 1 分钟以内，扣 0.5 分；超时 1 分钟以上（含 1 分钟），扣 1 分。

（4）每个音节读错允许改读一次，以第二次读音为准。

2. 单音节字词认读测试注意事项

（1）拿到试题后迅速浏览一遍，重点把握“异读词”“多音字”及不常用汉字。

（2）认读时，从第一行开始从左至右横着念，声音响亮，发音清晰，注意控制认读节奏，力争声、韵、调准确到位。

（3）对不熟悉的字要大胆去读，不轻易放弃；把握不定的字，可改读一次，系统将按第二次读音判分。

（4）对形近字要仔细分辨，看清认准，不要混淆。

（5）本题不考虑音变，所有汉字都念本音、原调。

（二）多音节词语测试指导

多音节词语主要测查考生掌握声母、韵母、声调和变调、轻声、儿化读音的标准程度。声母、韵母、声调出现的次数与读单音节字词的要求相同。上声与上声相连的词语不少于 3 个，上声与非上声相连的词语不少于 4 个，轻声不少于 3 个，儿化不少于 4 个（一般为不同的儿化韵母）。

1. 多音节词语认读评分标准

（1）语音错误（含漏读），每个音节扣 0.2 分。

语音错误主要包括声、韵、调发音错误；“一”“不”和该变调的上声字没有变调，或变调错误；必读轻声的词没有读作轻声，或不该读轻声的读作轻声；该儿化的没有儿化，或把儿化韵母读成两个音节，没有儿化的音节，读作儿化，且儿化不合适。

（2）语音缺陷，每个音节扣 0.1 分。

语音缺陷主要包括声、韵、调的缺陷（与单音节字认读要求相同）；“一”“不”及上声变调不完全到位或发音不够自然；该读轻声的字，轻度不够，不该读轻声的字有轻化倾向；儿化韵母不够准确自然；多音节词语连读时发音不完全到位或发音不自然等。

（3）超时 1 分钟以内，扣 0.5 分；超时 1 分钟以上（含 1 分钟），扣 1 分。

（4）词语读错允许重读，系统将按第二次读音判分。

2. 多音节词语认读测试注意事项

（1）注意连续认读。从第一个词语开始按词连读，注意音节的完整性。

（2）注意轻重格式。普通话非轻声词语中绝大多数双音节词的轻重格式为“中 . 重”格式，三音节词一般为“中 . 次轻 . 重”格式，不能读成其他格式。

（3）注意轻声判断。轻声词的判断要准确，以《普通话水平测试用必读轻声词语表》为准。

（4）注意儿化音节。儿化词语要把卷舌的色彩“化”在儿化音节上，不要把儿化韵母读成两个音节。儿化词以《普通话水平测试用儿化词语表》为准。

（5）注意规范变调。上声变调和“一”“不”的变调要规范自然。

（6）注意读准异读词。有些汉语字词在普通话中习惯有两种或两种以上读法，这种情况称为异读。异读词要以《普通话异读词审音表》(修订稿)为准，如“呆板”原有两种读法，现在统一读作“dāi bǎn”。

（7）注意读准多音字。双音节词语中的多音字要根据词义定音，即“音随义转，按义定音”。如：“创（chuāng）伤”和“创（chuàng）作”中的“创”字在做名词义和动词义时读音不同。

三、短文朗读测试指导

短文朗读测试主要测查考生使用普通话朗读书面作品的水平。在测查声母、韵母、声调读音标准程度的同时，重点测查连读音变、停连、语调以及流畅程度。朗读短文从《普通话水平测试用朗读作品》中选取，评分以朗读作品的前400个音节（不含标点符号和括注的音节）为限。

（一）朗读测试评分标准

（1）错一个音节，扣0.1分，漏读或增读视作错读。

（2）声母或韵母的系统性语音缺陷，视程度扣0.5分或1分。

（3）语调偏误，视程度扣0.5分、1分或2分。

（4）停连不当，视程度扣0.5分、1分或2分。

（5）朗读不流畅（包括回读），视程度扣0.5分、1分或2分。

（6）限时4分钟，超时扣1分。

（二）短文朗读备测建议

（1）备测前把规定的作品完全读熟，深入领会文章大意，做到胸有成竹。

（2）备测前挑出自己的难点音反复熟读甚至记忆。

（3）挑出需要儿化处理和读作轻声的词语反复练习，在长篇语流中注意轻声读音，掌握轻声规律，注意朗读中语调音高变化的协调。

（4）掌握一定的朗读技巧，不要一字一顿，而要分词按句朗读，注意语调、停连、重音、节奏的合理把握，突出语义，达到朗读的效果。

（5）遇到外国人名、地名，要按汉字读音去念。

（三）短文朗读测试注意事项

（1）朗读要准确，字音要清晰。把普通话语音的标准和规范放在首位，准确地按原文朗读，不加字、不漏字、不改字，语音明晰，防止把语流中间的某些字音含混“吃”掉。

（2）朗读要自然，表达要流畅。避免一字一顿的“念字式”或咿咿呀呀的“诵经式”朗读，感情的表达要适度，既不平直单调，又不过于夸张。

（3）朗读要连贯，过渡要自然。朗读不能中断、不能重复，停顿和断句要自然。避免出现停连或断句不当导致语义被肢解或产生歧义的现象。

（4）语速要适中，方言要克服。朗读时，语速既不可太快，太快易出现含混不清或发音不到位、掉字、回读，也不可太慢，太慢会破坏作品内容的完整性和语义的严密性。同时，要尽可能避免方言色彩，以免影响自己的普通话语音面貌，给人以方言语调浓重的感觉。

四、命题说话测试指导

命题说话主要测查考生在没有文字凭借情况下说普通话的能力和达到的规范程度。该项测试为考生单向说话，着重测查其语音标准程度、词汇语法规范程度和自然流畅程度。说话话题从《普通话水平测试用话题》中选取，通常给定两个话题，考生从其中任选一个话题连续说一段话，时间为3分钟。

（一）命题说话测试评分标准

1. 语音标准程度（共 25 分，分六档计分）

（1）一档：语音标准，极少有失误，扣 0~2 分。

（2）二档：语音错误在 10 次以下，有方音但不明显，扣 3~4 分。

（3）三档：语音错误在 10 次以下，但方音比较明显，或语音错误在 10~15 次之间，有方音但不明显，扣 5~6 分。

（4）四档：语音错误在 10~15 次之间，方音比较明显，扣 7~8 分。

（5）五档：语音错误超过 15 次，方音明显。扣 9~11 分。

（6）六档：语音错误多，方音重，扣 12~14 分。

2. 词汇语法规范程度（共 10 分，分三档计分）

（1）一档：词汇、语法规范，不扣分。

（2）二档：词汇、语法偶有不规范情况，扣 1~2 分。

（3）三档：词汇、语法屡有不规范情况，扣 3~4 分。

3. 自然流畅程度（共 5 分，分三档计分）

（1）一档：语言自然流畅，不扣分。

（2）二档：语言基本流畅，口语化较差，有背稿子特征，扣 0.5~1 分。

（3）三档：语言不连贯，语调生硬，扣 2~3 分。

4. 其他参考值

说话不足 3 分钟，酌情扣分：缺时 1 分钟以内（含 1 分钟），扣 1~3 分；缺时 1 分钟以上，扣 4~6 分；说话不满 30 秒（含 30 秒），本项测试成绩为 0 分。

（二）命题说话备测训练建议

1. 语音准确规范

说话测试的语音标准与前三项的语音标准要求相同，要尽力做到说话腔调纯正，无方言语调。在音变方面要注意变调、轻声、儿化，包括语气词“啊”的变读等。

2. 不用方言词汇语法

说话时要使用符合现代汉语规范的词汇和语法，不使用方言词语和方言语法。

3. 语句自然流畅

注重口语化。

4. 说话围绕话题

时长达 3 分钟及以上。中间可有短暂停顿，但不能出现大段留白。

命题说话测试项的话题虽多，但大体可以根据话题的述说方式和内容把它们分为述说人物、事情、生活、爱好、见解等五类，考生平时训练可对话题进行合理的分类整理，编写提纲，打好腹稿。同类话题说话框架可以相似，考生可以摸索其中规律，理清相通的说话思路。

（三）命题说话测试注意事项

（1）克服畏惧心理，保持自然从容的状态，确保测试顺利进行。

（2）说话的“语音标准程度”基本取决于腔调的规范程度，所以说话时一定要使用普通话声调。

（3）声、韵、调是评判字音正误的关键，测试时要尽量减少声、韵、调失误，尤其要避免出现有代表性的方言词语读音（地方特殊读音）现象。

（4）不要出现方言词汇和语法。如：“小孩儿”不能叫“细娃儿”，“把我吓坏了”不能说成“把我嘿着哒”，“我讲的话你听到了吗？”不能说成“听到了没得，我讲的话”等。总之，平时讲话中典型的方言句式，说话测试时一定要避免使用。

（5）多用口语词，少用书面语。说话状态类似与朋友聊天，要多用短句、单句，少用长句、复句，这样可以保持思维的连贯性；要尽量说得通俗易懂，不要故意为卖弄文采而导致述说不畅或语义不清，同时避免使用“口头禅”。

（6）说话内容要与指定话题相对应，始终围绕话题展开述说，不偏离话题。

（7）说话前可打好腹稿，说话时注意顺序和层次，尽量做到思路清晰。

（8）说话时长达 3 分钟及以上。

【技能实训】

下面是一份普通话测试样题，读一读，测一测，看看自己能得多少分。

国家普通话水平测试试卷（样卷）

一、读单音节字词（100 个音节，共 10 分，限时 3.5 分钟）

搔　惹　缺　陡　绝　抓　沁　翔　跨　牌　怒　崩　遇　茶　洽　耳
滚　谭　攥　宠　彭　踹　我　怀　液　池　领　突　蕊　临　蜕　潮
婶　趋　含　下　爹　倍　砖　革　斋　床　考　熏　很　丈　绘　选
癖　夺　妙　绥　访　摸　冯　京　陕　棕　磁　巴　倦　冰　腊　走
扭　恩　留　恐　挫　广　迷　养　斟　云　闰　仿　踩　胸　疼　捕
面　温　示　拈　窘　塘　呕　灭　机　凑　辽　器　匪　破　挖　煅
鹰　四　碘　沪

二、读多音节词语（100 个音节，共 20 分，限时 2.5 分钟）

军队　定律　小子　数学　居民　做活儿　春天　重用　早日　压力
高昂　佛法　线圈　而且　政策　咳嗽　俯首　波浪　玩意儿　将来
主人翁　难怪　未曾　红娘　愿望　美女　涅槃　停车　瓜分　蛋白质
开窍儿　棒槌　衰变　状况　童话　懊恼　门槛儿　战略　群体　配合
休息　导演　亏损　贫穷　柔软　存在　酒家

三、朗读短文（400个音节，共30分，限时4分钟）

两个同龄的年轻人同时受雇于一家店铺，并且拿同样的薪水。

可是一段时间后，叫阿诺德的那个小伙子青云直上，而那个叫布鲁诺的小伙子却仍在原地踏步。布鲁诺很不满意老板的不公正待遇。终于有一天他到老板那儿发牢骚了。老板一边耐心地听着他的抱怨，一边在心里盘算着怎样向他解释清楚他和阿诺德之间的差别。

“布鲁诺先生，”老板开口说话了，“您现在到集市上去一下，看看今天早上有什么卖的。”

布鲁诺从集市上回来向老板汇报说，今早集市上只有一个农民拉了一车土豆在卖。

“有多少？”老板问。

布鲁诺赶快戴上帽子又跑到集市上，然后回来告诉老板一共四十袋土豆。

“价格是多少？”

布鲁诺又第三次跑到集市上问来了价格。

“好吧，”老板对他说，“现在请您坐到这把椅子上一句话也不要说，看看阿诺德怎么说。”

阿诺德很快就从集市上回来了。向老板汇报说到现在为止只有一个农民在卖土豆，一共四十袋，价格是多少多少；土豆质量很不错，他带回来一个让老板看看。这个农民一个钟头以后还会弄来几箱西红柿，据他看价格非常公道。昨天他们铺子的西红柿卖得很快，库存已经不多了。

……

四、命题说话（请在下列话题中任选一个，共40分，限时3分钟）

1. 我喜爱的动物（或植物）

2. 购物（消费）的感受

【任务拓展】

1. 对照《普通话培训测试指要（机辅测试版）》（邢福义主编，华中师范大学出版社出版）所列出的“字词朗读训练”部分，按计划进行备测训练。

2. 对照60篇普通话水平测试用朗读作品进行朗读训练，每天熟读一篇。

3. 对普通话水平测试用的30个说话题目进行分类梳理，分别拟写说话提纲，持之以恒进行说话备测训练。

【活动评价】

请结合本次任务完成全过程，对自己的学习进行客观评价。

评价指标	评价结果	备注
1. 对普通话水平测试相关知识和机辅测试形式有大致了解	优秀□　良好□　一般□　合格□	

续表

评价指标	评价结果	备注
2. 对普通话测试项目及分值、各项目测试评分标准及注意事项有基本了解	优秀□　良好□　一般□　合格□	
3. 对照“技能实训”提供的“国家普通话水平测试试卷（样卷）”进行自我测试	优秀□　良好□　一般□　合格□	
4. 能积极主动完成本次学习活动	优秀□　良好□　一般□　合格□	
综合评价：		

项目三

一般口语交际训练

“交际”一词最早见于《孟子》，宋人朱熹在《孟子集注·万章章句下》中注解说“交际，谓人以礼仪币帛相交接也”。我国口语交际活动的历史源远流长，关于口语活动，有文字记载的可以上溯到春秋战国时期，在诸子百家的文化交流活动中就留下了口语交际的身影。口语交际的作用是无法替代的，对中职幼儿保育专业学生而言，进行口语交际训练是学习和发展的需要，锻炼良好的口语交际能力非常重要。

我们所说的口语交际，主要包括听话、复述、转述、讲故事、朗读、演讲、辩论、安慰、劝说等形式，这些形式广泛地交织在我们的日常生活、工作和学习中。学习口语交际，需要对口语交际的基础知识进行全面地了解。本项目将重点讲解口语交际的特点与原则，口语交际的表达技巧等，在系统介绍口语交际知识的基础上，指导进行口语交际训练。

任务九　口语交际的特点与原则

案例导入

阅读下面文段，感受两位老师在与幼儿交谈时的沟通意识和交谈技巧。

晨间接待时，苗苗的手上拿着许多叶子，兴高采烈地说：“林老师，这是昨天晚上我和爸爸一起捡的叶子，各种各样的都有。”

林老师：“昨天捡树叶活动的时候，你都没有捡几片，今天没让你捡你却捡了这么多！快，放到‘自然角’去。”

韩老师见苗苗一下子没了刚开始的兴奋劲儿，主动与苗苗打招呼，并交谈起来。“呀！苗苗又捡了这么多叶子啊！在哪里捡的啊？这些叶子都一样吗？”当苗苗一一说出叶子的种类时，韩老师就夸她说：“你真棒，能说出这么多树叶的名字呢！”这时，其他幼儿都围了过来。

韩老师见状说道：“大家想不想把这些叶子和昨天捡来的叶子比比看，找出它们有什么不同？愿意这么做的小朋友可以和苗苗一起到‘自然角’去比一比、看一看，再把你们的发现告诉大家哦！”

以上案例中，林老师在与幼儿的交谈中缺乏一定的沟通意识和交谈技巧，而韩老师在与幼儿的交流中采用表扬、肯定的语气，注重与幼儿之间的情感交流，善于运用沟通技巧并及时抓住契机对幼儿进行合理引导。

【知识储备】

一、口语交际的特点

从语用学的角度对口语交际进行分析，可以发现口语交际的特征有以下几个方面。

（一）复合性

口语本身既是承载信息的声音，也是传递说话人思想感情的工具，因而口语交际是一种复合行为。

根据调查显示，在人们的交际行为中，只有 35% 的信息是由言语交际方式传递的，65% 的信息则由非言语交际方式传递。无论是言语还是非言语表达，其最终目的都是交际。为了达到这一目的，交际双方既要注重语音、语调、语态、语气和节奏等言语本身的表达，又要注重人际礼貌、身份协调和跨文化冲突等非言语交际规则。所以，口语交际是多种因素的复合，各种因素互相配合、协调一致才能完成交际任务。

基于口语交际的这种复合性，我们不能只关注形式上的词句表达，还要注重日常举止谈吐的修养。

（二）动态性

口语交际的动态性体现在两个方面。

一是结合语境讲分寸。交际双方虽然已经根据具体交际目的确定了话题，但临场时仍然要把握具体语境进行言语交流，说话要看对象、时间、地点，合乎分寸。

二是随机应变讲策略。口语交际过程中交际双方根据不同的反馈信息，进一步随机地采用着各种交际策略，比如解释、重复、停顿、迂回、猜测、转换话题等。一般说来，每个人在交际之前都不可能将要说的话全部准备好，总要在口语交际进行中参考已有的语言知识、背景经验，并迅速采取各种方式，提出、控制、转变、理解、把握话题，使交际活动朝着有利于自己的方向发展。

成功的口语交际取决于临场对特定的语境进行准确判断，分清哪些因素适合于交际，或不适合于交际，哪些因素可以改变，或不可以改变，在判断的基础上对语境或适应、或利用、或改造。

（三）灵活性

灵活性指交际口语不像书面语那样讲究语法的严密和结构的完整，而表现为交际双方言语形式的简略和松散。根据口语交际灵活性的特点，对话时要学会倾听，并细心地理解和体会谈话的内容。谈话时要注意表达的感情色彩，讲究应对的技巧，力求口语交际具有严密性、逻辑性和准确性。

（四）实践性

口语交际能力是人们在日常生活实践中逐步获得的，表现出很强的生活实践性。人类口语交际能力都要靠实践来习得。美国语言学家乔姆斯基认为，语言是说话人心理活动的结果，婴儿天生就有一种学习语言的能力，对他们的语言错误不须纠正，随着年龄的增长他们会在生活实践中自我纠正。美国语言学家克拉申则提出，语言能力的获得，关键是一个内在化的过程，即把语言的语法和语用规则内在化，成为大脑机制的一部分。只有置身于真实的语言环境中，多听、多说、多读、多写，才能提高口语交际能力。

二、口语交际的原则

我们不能简单地把“口语交际”理解成“说话”，我们所说的“口语交际”是在掌握了汉语语法结构和常用词汇的基础上达到较高层次的说话过程，需要遵循以下原则：

（一）语音要清新悦耳

口语交际是借助语音及其变化来传递信息的。汉语语音的变化复杂，要规范、准确地使用语音传递信息，就必须具有良好的语音能力，即发音规范、清新、准确；音调优美、动听、悦耳；音质纯净，音量适度，语速适中；声音有力度，控制自如。

（二）语句要条理清晰

口语交际是面对面的直接交谈，说话人需要在短时间内说出条理较为清晰的话，必须具备迅速组织语言的能力，合理选择恰当的词语和语气，结合所处的环境准确表达自己的情感和思想。

（三）语言要文明得体

口语交际是一种个人综合素质的体现，它不仅体现个人的交谈技巧，还体现了交际双方的思想修养、文化素养和生活阅历，所以作为中职幼儿保育专业的学生，在口语交际表达中要文明得体，多用礼貌用语。

【技能实训】

有感情地朗读散文《和时间赛跑》，与同学交流阅读感悟。

和时间赛跑

林清玄

读小学的时候，我的外祖母去世了。外祖母生前最疼爱我。我无法排除自己的忧伤，每天在学校的操场上一圈儿又一圈儿地跑着，跑得累倒在地上，扑在草坪上痛哭。

那哀痛的日子，断断续续地持续了很久，爸爸妈妈也不知道如何安慰我。他们知道与其欺骗我说外祖母睡着了，还不如对我说实话：外祖母永远不会回来了。

“什么是永远不会回来呢？”我问着。

“所有时间里的事物，都永远不会回来了。你的昨天过去，它就永远变成昨天，你不能再回到昨天。

爸爸以前也和你一样小，现在也不能回到你这么小的童年了；有一天你会长大，你会像外祖母一样老；有一天你度过了你的时间，就永远不会回来了。”爸爸说。

爸爸等于给我一个谜语，这谜语比课本上的“日历挂在墙壁，一天撕去一页，使我心里着急”和“一寸光阴一寸金，寸金难买寸光阴”还让我感到可怕；也比作文本上的“光阴似箭，日月如梭”更让我觉得有一种说不出的滋味。

时间过得飞快，使我的小心眼里不只是着急，还有悲伤。有一天我放学回家，看到太阳快落山了，就下决心说：“我要比太阳更快地回家。”我狂奔回去，站在庭院前喘气的时候，看到太阳还露着半边脸，我高兴地跳跃起来，那一天我跑赢了太阳。以后我就时常做那样的游戏，有时和太阳赛跑，有时和西北风比赛，有时一个暑假才能做完的作业，我十天就做完了；那时我三年级，常常把哥哥五年级的作业拿来做。每一次比赛胜过时间，我就快乐得不知道怎么形容。

后来的二十年里，我因此受益无穷。虽然我知道人永远跑不过时间，但是可以比原来跑快一步，如果加把劲，有时可以快好几步。那几步虽然很小很小，用途却很大很大。

如果将来我有什么要教给我的孩子，我会告诉他：假若你一直和时间赛跑，你就可以成功！

【任务拓展】

一学期的工作结束后，张丽被幼儿园评为优秀保育员，大家纷纷向她祝贺。请以张丽的身份根据下列三种情况设计合理的回答。

（1）最好的朋友私下里祝贺时，说：________________

（2）搭档老师表示祝贺时，说：________________

（3）幼儿园领导表示祝贺时，说：________________

【活动评价】

请结合本次任务完成全过程，对自己的学习进行客观评价。

评价指标	评价结果	备注
1. 对口语交际有基本了解	优秀□　良好□　一般□　合格□	
2. 了解口语交际的特点	优秀□　良好□　一般□　合格□	
3. 掌握口语交际的基本原则	优秀□　良好□　一般□　合格□	
4. 能积极主动完成本次学习活动	优秀□　良好□　一般□　合格□	
综合评价：		

任务十　口语交际的表达技巧与训练

案例导入

阅读下面文段，感受周总理在外交活动中的语言表达魅力。

周总理设宴招待外宾。上来一道汤菜，冬笋片是按照民族图案刻的，在汤里一翻身恰巧变成了法西斯的标志。外客见此，不禁大惊失色。

周总理对此也感到意外，但他随即泰然自若地解释道：“这不是法西斯的标志！这是我们中国传统中的一种图案，念‘万’，象征‘福寿绵长’，是对客人的良好祝愿！”接着他又风趣地说：“就算是法西斯标志也没有关系嘛！我们大家一起来消灭法西斯，把它吃掉！”话音未落，宾主俱笑，气氛更加热烈了，这道汤也被客人们喝得精光。

在外交场合出现法西斯的标志很容易引起外交纠纷，尤其是曾经遭受法西斯铁蹄蹂躏的国家，他们看见这种标志是很反感的。周总理的解释及时解除了他们的误会，更令人叫绝的是周总理借题发挥，号召大家一起来消灭法西斯，把那个菜吃掉。这么一个意外的被动场面，经周总理风趣的解释，反倒起了活跃宴会气氛的作用。

【知识储备】

我们学习口语的最终目的是能够熟练掌握口语交际的技能，口语表达清晰恰当，从而能文明得体地与人交谈。在日常生活、工作和学习中，幼儿保育教师必须掌握的一般口语交际技能包括四个方面：日常交谈、拜访接待、讲故事和求职面试。熟练地运用这些技能，是一名合格保育员必须具备的基本素养。

一、日常交谈的技巧

语言是人与人沟通的桥梁，但会说话不等于会与人沟通。交谈作为一种双向传输语言信息的交际活动，受到时间、场合、对象、交谈方式等种种制约，具有发生的随机性、话题的转移性、时间的不定性、表达的口语性、应变的及时性等特点，掌握日常话题交谈的技巧，对于交谈的融洽和高效具有重要作用。

（一）善于展开话题

日常交谈一般是即兴对话，常常事先没有准备，有时难免会有“不知从何说起”的情况，话题展开的常用方法有：

1. 直入主题法

直入主题法适用于咨询、访问、联系工作等场合。交谈开始，就直截了当地正面进入交谈的话题，表明交谈的目的，或提出要询问的问题，明确探讨的重点，迅速切入主题。使用这种方法的前提是事先选好交谈对象，了解有关情况，明确双方的关系，便于把握交谈的深浅。

2. 迂回切入法

迂回切入法适用于求助、劝谏等难于引入话题的情况。交谈先不入正题，而是从对方关心、感兴趣的方面谈起，创设良好的气氛，然后再进入交谈主题。这种方法可以消除对方防备心理，缩短心理距离，将一些比较难于提出的话题放在比较愉快的氛围中轻松地提出来，谈话成功的可能性较大。

3. 引而不发法

引而不发法适用于不便直接提出来的“敏感”话题，或对方不太愿意交谈时，可以用创设情境、请君入瓮的方法，或耐心地用与话题相关、相近甚至相反的题外话，启发对方引入话题。

（二）得体控制话题

在一般交谈中，参与交谈者可以随时提出自己感兴趣的话题，因而常常出现话题随着交谈进行而自由转换的情况。但更多时候，交流讨论是有指向性的，面对指向性固定话题的研讨，发起者必须事先进行话题范围限制和交谈中的话题控制，否则，交谈可能偏离中心，达不到预想目的。一般情况下，控制话题的方法有三种：

1. 提醒法

发现对方偏离了话题，要提醒对方，阻止对方继续说下去，及时把谈话拉回到中心话题上来。提醒对方的方法要因人而异，对年长者、位尊者，不可武断地打断对方说话，应用适当的手势或眼神做出暗示。对于平辈或相熟的人，可以有礼貌地表示“请您停一下！”“请允许我打断一下您的话，我们刚才的讨论还没说完呢”等，使对方及时停止。

2. 重申法

交谈中转移话题，有时是由于说话者对中心话题的内涵与外延没有很好地理解与把握，或者受到别的话题及其他因素的干扰，这时，作为交谈的“主角”或主持者，应寻找适当的时机，重申交谈的宗旨，对中心话题的重点范围做必要的解释，最好用有针对性的提问，或用商讨的语气把话题“拉回来”。如：“对不起，刚才说的问题，我有几点不清楚，请您再讲一讲。”

3. 引导法

为了交谈能围绕中心，避免东拉西扯、旁生枝蔓，交谈者要注意自己说话的“导向性”。一种是“正向引导法”，就是围绕中心话题，充分发表自己的看法，力求有深度、有新意，引起参与者对你的发言高度重视，从而引导参与者做深入的讨论；另一种是“逆向引导法”，就是当发现其他交谈者对中心话题不关心，关注度降低时，可以故意提出相反的意见，甚至做出不合常理的分析，“一石激起千层浪”，重新激起参与者的兴奋情绪，在热烈的争论中，把话题引向深处。

（三）巧妙转移话题

恰当地提出话题，主动地控制话题，是交谈成功的重要条件。但是，当有人提出令参与交谈的人尴尬或者难以正面回答的问题时，也需要巧妙地转移话题，摆脱窘境。

1. 利用谐音掩饰失言

巧借汉语中的同音字，临时改变话题的意思，常用于掩饰自己的失言。例如《雷雨》中的一段人物对白：

范例

鲁大海：放开我，你们这群强盗！

周萍：（向仆人们）把他拉下去！

鲁侍萍：（大哭）这真是一群强盗！（走到周萍面前）你是萍……凭什么打我儿子？

周萍：你是谁？

鲁侍萍：我是你的——你打的这个人的妈。

在这个选段中，鲁侍萍终于见到日夜思念的大儿子，百感交集，那难以割舍的亲情使她几乎脱口说出她与周萍的母子关系，但眼前的情势又迫使她不得不两次借“谐音改口”，掩饰自己情急之下的失言。这两处改口，也把她矛盾、痛苦的心理表现得淋漓尽致。

2. 避重就轻摆脱窘境

避重就轻是交谈时回答对方提问的一种回避战术。从表面上看，似乎回答的内容没有脱离提问的范围，但实际上已经将问题的重点转移了，不仅使对方无法得到他所希望的答案，也使自己摆脱被动的处境。

范例

在一次记者招待会上，一位不怀好意的西方记者问周总理：“请问，中国人民银行有多少资金？”周总理回答说：“中国人民银行货币资金嘛，有18元8角8分。”接着他又解释说道：“中国人民银行发行面额为10元、5元、2元、1元，5角、2角、1角，5分、2分、1分，共10种主、辅人民币，合计为18元8角8分。”

在这个案例中，周总理面对西方记者的刁难，不回答有失外交风度，回答又泄露了国家机密，在“山穷水尽疑无路”时，周总理转换了一个概念，立即改变了被动局面。

3. 歧义解读转移思路

人们在交谈中难免发生口误，而情势又不允许自己当场否认，此时，将错就错不失为一个好办法。歧义解读就是在错话说出之后，能巧妙地将错话续接下去，最后达到纠错的目的。其高妙之处在于，能够不动声色地改变说话的情境，使听者不由自主地转移原来的思路，不自觉地顺着“我”的思路而转移。

范例

纪晓岚有一次背地里称乾隆皇帝为"老头子",不巧被乾隆知道,乾隆大怒,要纪晓岚解释清楚,否则要治其"犯上之罪"。纪晓岚眉头一皱,计上心来,拱手说道:"皇上息怒!"然后解释说:"皇帝称万岁,岂不为'老'?皇帝乃万民之首,岂不为'头'?皇帝乃真命天子,岂不为'子'?"几句妙语,说得乾隆转怒为喜,不但赦免了他犯上之罪,还誉他为"淳于髡(kūn)后身"。

在这个案例中,纪晓岚结合皇帝特殊的身份,对"老头子"一词的拆分解读,不仅能够不动声色地改变说话的情境,使皇帝不由自主地转移原来的思路,最后转怒为喜。

(四)礼貌结束话题

交谈中,若一方眼神飘忽,不断看手机或手表;机械而敷衍地回应"是""不是",或"不知道""不清楚";与身边人小声说话、窃窃私语等,则可能是暗示对谈话者所谈的话题或表述不感兴趣,这时,谈话者就应及时礼貌地结束话题。

当然,不同的人可能会有不同的暗示方式。有些人也许只是因害羞或不习惯而沉默,这时,不要也误以为对方没有兴趣与你交谈,除非发现对方同时表现出多种负面的提示。若发现话不投机或言谈乏味,或对方对你的话题无兴趣,则不宜勉强把谈话维持下去,但仍要有礼貌地结束或离开。作为交谈的主角,可以用以下方法巧妙地结束话题。

1. 传达预备离开的信息

当谈话停顿得太久或双方想结束话题时,就应该适时结束谈话,发出预备离开的信息,如:"今天聊得很开心,我们再找机会畅谈""我还有点事,得马上离开""今天就到这儿吧"等。

2. 提出再联络的表示

当你发出预备离开的信息后,通常可提出再联络的表示,如:"哪天我给你打电话,咱们边喝茶边聊",也可以友善而直接地表示"与你交谈很开心,下星期有时间我再约你"。

3. 简单总结结束谈话

例如正式场合,可简单总结谈话内容,结束谈话。一般的社交闲谈不用总结,一两句话即可。如:"没想到和你有这么多的共同爱好,我们改日详谈。"

二、拜访接待的技巧

拜访接待一般是指前往他人的工作地点、私人居所与对方会晤、探视或在本人工作地点接待来访客人,这是一种常见的社交方式。作为幼儿保育工作者,在日常生活和工作中经常会接待家长,有时为了深入了解幼儿的成长还会去幼儿的家庭走访。无论是拜访还是接待,都要注意礼仪规范,做到上门有礼貌,接待有礼节,谈吐有分寸。

(一)拜访有礼节

1. 事先有约定

拜访前要与被访者有约在先，不做不速之客，这不仅体现了个人教养，更是对主人的尊重。预约时要注意以下几点：

（1）约定时间。要与主人约定好拜访时间，一般定在对方不忙时。具体的拜访时间应是客随主便，让主人确定。如果主人时间充裕，客人可提出几个时间段，让主人选择。

（2）约定人数。预约拜访时，要与主人商定好届时到场的人数及其身份，便于主人事前准备。在公务拜访中尤其要注意这一点。双方在确定访谈人员时，都要尽力避免自己一方中出现对方不欢迎，甚至极为反感的人。另外，拜访人数也不宜过多，更不要随意增加人员，扩大队伍，以免给对方带来不便。

（3）准时到达。约定拜访时间后，一定要准时到达，不能随意更改时间。不要过早到场，以免打乱别人的计划，干扰别人正常的工作、生活和休息。如果确因特殊情况须推迟或取消拜访，也一定要提前通知对方，说明原因，表示歉意。

2. 登门有礼貌

（1）仪表端庄。拜访他人时要注意着装干净、整洁、庄重，切忌衣装不整、蓬头垢面，更不要穿过分轻佻、随便的衣服，即使是会见老朋友也不可以。进门后，一般情况下应主动摘下帽子、取下墨镜、脱下手套，将其暂放在合适的位置，告辞时记得拿走。

（2）礼貌敲门。到达主人所在地时，要礼貌敲门或按门铃。敲门宜轻叩，两三下即可；若按门铃，也只需让铃响两三声即可，不要久敲不停或久按不放。敲门或按门铃后，要等有人应允或者出来迎接时方可进门，不能不打招呼擅自闯入，即使门开着，也应该得到主人回应或出迎才可进门。

（3）及时问候。与主人相见，应该主动向对方问好，并且与对方握手。如果是老朋友，可以更亲切些，相互拥抱也无妨。如果是初次见面，还应该略作自我介绍。如果同来的还有其他人员，应该主动向主人一一介绍。拜访时，在场的可能还有主人的亲朋、同事等，这种情况下，应主动向对方打招呼、问好，不要视若不见。进门后，要等主人安排座位后就座。后来的客人到达时，先到的客人可以站起来，等待介绍或点头示意。做客时，也可以携带一些小礼物，比如鲜花、水果、书籍等，并且在进门时就应该向主人奉上自己的礼物，不要等到告辞时再说。

3. 举止有风度

（1）文明就座。应邀入座时，要随行于主人身后，切忌抢先一步，随意前行。一般而言，主人会邀请客人到指定的地方入座。此时要注意三点：一是不要自行找座；二是与他人同至时要相互谦让，不可抢座；三是最好与其他人尤其是主人一起落座，以示尊重。主人端茶要起身道谢，双手承接，身体前倾并致敬意。此外，应注意个人卫生，不乱吐、乱踏、乱扔、乱丢等。

（2）得体交谈。任何一次拜访活动，在必要的寒暄后即可切入主题，交谈实质性问题，不要兜圈子，以免浪费双方时间，令人反感。对于主人的私人问题不要过多询问，交谈内容也要合适，不可谈及低俗、无聊的话题。未经主人邀请或同意，不可随便参观主人的房间，尤其是卧室。不要乱动、乱拿、乱翻主人的物品，不要对室内的摆设品头论足。做客交谈时不要东张西望，频繁看表，以免让主人感觉招待不周或觉得你对会谈没有兴趣而难堪。

（3）适时告辞。拜访时间不宜过长，应注意把握辞行时机。一般情况下，顺访不超过 20 分钟，专访不超过一个小时，初次拜访，则不宜长于半个小时。如果主人谈兴正浓，交谈时间可以适当延长，反之，则要短一些。在与主人交谈中，如果发现主人心不在焉，或沉默不语，或长吁短叹，说明主人或有急事要办，或已经不耐烦了而又不好意思下逐客令，这时自己应该及时告辞。告辞时，要同主人和其他客人一一告别，说“再见”“谢谢”等。主人相送时，应说“请回”“留步”“再见”。一旦提出辞行，就要坚辞而去，不要说走又不走，似走且留，令人反感。

（二）接待有温度

1. 迎送仪表得体

接待客人应着装整洁，仪态端庄，自然得体，不浓妆艳抹，不过分打扮。

2. 环境清洁舒适

接待场所要提前打扫干净，布置整洁美观，以创造良好的待客环境。这既是对客人的尊重，也是自身形象和素养的体现。

3. 用品准备周全

在客人到访前要准备好待客用品，如茶叶、茶具、饮料、糖果、水果、点心等，以备客人之需。还可以准备一些报刊、图书、玩具等，供客人尤其是孩子使用。

4. 食宿安排妥当

一般情况下，主人应该在接待来客时，预先准备好膳食，并且在会面之前就要向对方表明留饭之意。如果是朋友远道而来，还应为其联系酒店或安排住宿。

5. 交通出行规划

接待远道而来的重要客人时，还要帮忙考虑交通出行。如果力所能及，最好主动为其安排或提供交通工具，这样不仅能为客人排忧解难，也能体现主人的周到。

6. 迎客热情大方

客人在约定时间到达，主人应提前到门口迎接，若有必要，夫妇可一同前往，且女主人应在前。如果是客人突然临门，也要热情相待。若室内未清理，应向客人致歉后适当收拾，但不宜彻底打扫，以免客人认为是逐客之意。对于远道而来的重要客人或初次来访的客人，可于抵达的机场、港口、车站，或者是其下榻处迎接，并事前通知对方。对于常来常往的客人，虽然不必恭候在室外，但对方一旦抵达，应该立即出迎，切不可让孩童代为迎客。迎客之初，应主动招呼、握手，以示欢迎。

7. 就座讲究主次

客人到后，主人应该尽快将其迎接入室，并安排就座，安排座位时须注意两点：一是要把上座（主座位）或较为舒适的座位让给客人；二是为了表示对客人的尊重，应请客人先行入座，主人随后陪坐。

8. 交谈讲究姿态

客人入座，应及时与之交谈，话题内容可因实际而定。一般来说，应谈一些客人熟悉的、感兴趣的事情，要全神贯注地倾听客人的谈话，不要频频看手机等，以免客人误以为主人不欢迎。不宜当着客人的面公开家庭的内部矛盾、与家人发生口角或因小孩做错了事而大发雷霆等。若无法陪客人交谈，可安排身份相当者代陪，或提供报纸杂志、打开电视供客人消遣，切不可出现主人只管自己忙，把客人冷落在一旁的情况。

9. 留客把握分寸

当客人准备告辞时，主人应婉言相留，表示希望客人多坐一会儿，或邀请下次再来。若客人执意要走，也不可强行挽留，以免客人为难或让客人误事。

10. 送别讲究礼貌

客人告辞，应等客人起身后，主人再起身相送。若客人来时带有礼物，应再次提及对礼物的感谢或回赠礼物，并不忘提醒客人是否有东西遗忘，或有什么事情需要帮忙。

三、讲故事的技巧

（一）讲故事的含义和特点

1. 讲故事的含义

故事是用通俗而形象的语言、曲折而完整的情节来反映社会生活，可供口头讲述的一种文学体裁。讲故事是把自己读到的、听到的或创编的故事讲给大家听，是人们喜闻乐见的一种语言艺术活动，也是幼儿园教师和保育员必须具备的基本技能之一。故事的类型风格各异，篇幅长短不一。教师在讲故事之前要能够根据听故事的目的、对象，有针对性地选择生动有趣、积极健康的故事材料。

2. 讲故事的特点

（1）寓教于乐。讲故事是一种有效的教育形式，它可以寓教于乐，使听者潜移默化地受到启发教育。同时，又能开阔眼界，活跃思维，使人学到很多有益的知识。

（2）讲演结合。“讲”，即讲述，讲要做到发音正确，口齿清晰，声音悦耳；“演”即表演，演要运用表情、眼神、身姿、体态等态势语为辅助，将故事表达得生动有趣，活灵活现。

（二）讲故事技巧训练

讲故事侧重于事件过程的描述，强调的是人物的形象性和情节的连贯性、生动性。故事讲得好坏，关键在于讲得是否生动。因此，在讲故事的过程中需要注意以下三个方面：

1. 故事开头和结尾的处理

故事的开头一定要有吸引力，这就要求教师一开始便能利用声音、表情等迅速将幼儿的注意力吸引到故事情境中，以引起幼儿倾听的欲望。

可用提问的方式来吸引幼儿的注意。如讲《萤火虫找朋友》时，可用亲切、自然的口吻问幼儿：“小朋友们，你们有好朋友吗？可萤火虫一个好朋友也没有，瞧，它正提着小灯笼到处找朋友呢。”

可用幼儿熟知的儿歌来吸引他们的注意。如讲《会打喷嚏的帽子》时，可这样开头：“小老鼠，上灯台，偷油吃，下不来，喵喵喵，猫来了，叽里咕噜滚下来。小朋友们，这只老鼠可笑吗？今天呀，老师也要给大家讲个关于老鼠的故事，大家仔细听，看这只小老鼠偷到了什么东西？”

可用猜谜语的方式引出要讲的故事。如讲《小公鸡借耳朵》时，可以让小朋友猜“东一片，西一片，隔座毛山看不见”的谜语，从而导入故事。

当然，老师还可以借用道具、图片展示等方式来设计故事的开头。故事的结尾可根据故事的特点和讲述的目的进行设计，如请幼儿思考故事中一个细节产生的原因、解决的办法等。

2. 叙述语言和人物语言的处理

讲故事的语言可分为叙述语言和人物语言两种，叙述语言要条理清楚、层次分明；人物语言要形象生动，突出人物个性。

（1）声音。要将故事讲得绘声绘色，就必须注意声音的“造型”，处理好声音的高低、粗细，力求声音清晰准确、生动形象、略带夸张、富有趣味性。

故事中的人物在年龄、性别、身份、性格等方面各不相同，讲述时要把他们区分开来。如小孩说话声音高而细、吐字靠前，语速较快；老人说话声音低而粗，吐字靠后，语速较缓；豪爽的人，说话声音厚实，吐字饱满有力；善良柔弱的人，说话声音半虚半实，吐字轻缓等。

幼儿故事中的声音造型区分度要鲜明，可略带夸张，但不必过分追求逼真。另外，还可以使用一些特殊的声音，如用又粗又沙哑的声音扮演鸭爸爸，用恶狠狠的腔调演绎大灰狼，用尖细做作、拿腔拿调的嗓音塑造狐狸，用阴郁沉闷的怪声表现老巫婆等。

声音造型的运用要恰当地表现出人物性格，重在神似，不可拿腔捏调。如在故事《老虎设宴》中，老虎虽然邀请了许多小动物赴宴，但别有用心，小动物们都不知情，他们反应不一。憨厚的小熊真心高兴，声音可以粗实，吐字要饱满；山羊年岁高、资历老，也因为被邀请而显得很激动，可气沉，声音缓而抖；小白兔资历浅，遇事易兴奋，可气满，声音高、尖些，吐字靠前；狡猾的狐狸一想到天上掉下免费午餐而乐不思蜀，可气足，声音高而细，吐字靠前等。

（2）语气。语气是在思想感情支配下的声音形式，用不同的语气说话，表达的思想感情也有所不同。经过不同的形象塑造后，故事里的每个角色都会有自己的定位和性格，讲述时会更加生动形象。

如在讲述《小蝌蚪找妈妈》时，故事中出现了小蝌蚪、鸭妈妈、大鱼、乌龟、青蛙等动物。小蝌蚪可采用单纯冲动的孩子语气；鸭妈妈可采用直爽的中年妈妈语气；大鱼可用温柔的女性语气；乌龟可采用稳重的长者语气；青蛙可采用热情、有活力的年轻妈妈语气等。

（3）语调。讲故事时不宜用一个语调平铺直叙，要注意声音的抑扬顿挫、灵活多变，运用语调的变化来最大限度地刻画人物，再现情景。

如在讲《猴子捞月亮》时，表现老猴子说话的声音需要降低语调、放慢语速，运用沉稳的语气；表现小猴子说话的声音可升高语调、加快语速，表现出小猴子声音的纤细、稚嫩。这种语调的变化是为了区分故事中的老猴子和小猴子。与此同时，还要注意区分叙述语言和人物语言的语调。

（4）节奏。在讲故事的过程中，恰当的节奏可帮助幼儿理解故事的内容。节奏的变化、语速的快慢都与停顿有关，讲述中，合适的停顿能更好地吸引幼儿注意。节奏快时，要做到吐字清晰，层次分明；节奏慢时，要做到慢而不断。如讲述“糟了，糟了，月亮掉到井里了”这一句时，几乎没有停歇，这样会使人感到形势的紧迫。

3. 肢体语言的正确运用

肢体语言又称态势语，运用肢体语言时动作要自然、大方、美观，要注意手、眼与讲述的配合，讲到哪里，手就指到哪里，眼睛就跟到哪里，做到话到、手到、眼到。如讲到“瞧，小猴倒挂在树枝上”时，可用手指向身体的侧前方，同时眼睛也看向手指的方向；讲到猴子们“抬头一看”时，要随之抬头；讲到“啊，月亮掉到井里了”时，可以瞪眼张嘴、握紧双手并放在胸前，表示紧张等。肢体语言的设计要遵循自然、得体、适度的原则，使其成为有声语言得力的辅助手段，使二者相得益彰。

四、求职面试的技巧

面试虽然是一个双向选择的过程，但由于应试者在整个面试中，通常是处在被动的地位。为变被动为主动，更好地进行“自我推销”，使自己在众多的竞争对手中脱颖而出，就必须讲求应聘技巧。一般而言，面试技巧通常包括以下几个方面的内容：

（一）注重面试礼仪

是否讲究面试礼仪直接影响主考官对求职者印象的好坏，进而决定是否被录用。面试时应该注意以下几点：

（1）遵守时间。应按约定的时间前往，最好提前 10 分钟抵达面试地点，以显示求职的诚意，给对方留下守时的好印象。提前半小时以上到达亦会被视为没有时间观念，迟到更是不可取的。

（2）耐心等候。到达面试地点后要在等候室耐心等候，并保持安静及正确的坐、立姿势。即使按顺序该你进去面试了，当你走到门口时，如果发现主考官正与其他人交谈，也应该退至门外耐心等候，即使等候的时间稍长一些，也不能贸然闯进去。

（3）礼貌进入。假如要敲门面试室，应敲两下且用力适中，当面试室门打开时，要有礼貌地说声“打扰了”，然后转身掩门，用手轻轻将门合上，再向室内考官表明自己是来面试的。如果面试室里有几个人，其中一个向你介绍其他人时，应该点头致意或主动问候，并努力记住每个人的姓名、职务；当对方伸出手时，要及时与之握手，握手时注意用力适中。

（4）举止沉稳。进入办公室后，不能马上坐下，等主考官说“请坐”时方可坐下。注意坐姿端正，不弓腰驼背，不抓耳挠腮，要神情淡定，举止端庄。在整个面试过程中，要保持举止文雅、态度谦和。

（5）沉着答问。考官提问，要注意听题，一一作答；回答问题，要简洁明了，口齿清晰。交流谈话时，不随便打断考官说话；自己发言，要抓住问题的要点和实质。

（二）运用面试语言技巧

面试场上，语言表达艺术标志着一个人的成熟程度和综合素养。对应试者来说，掌握面试语言技巧十分重要。

（1）口齿清晰，表达流利，文雅大方。交谈时要注意发音准确，吐字清晰。还要注意控制说话的速度，以免磕磕绊绊，影响语言的流畅性。为了增添语言的魅力，还应注意运用修辞，忌用口头禅，更不能有不文明的语言。

（2）语气平和，语调恰当，音量适中。面试时要注意语言、语调、语气的正确运用。打招呼时宜用上扬语调，加重语气并带拖音，以引起对方的注意。自我介绍时，最好多用平缓的陈述语气，不宜使用感叹语气或祈使句。声音不宜过大，过大令人厌烦，也不宜过小，过小难以听清，适中就好。

（3）语义含蓄，语言幽默，应变机智。说话除了表达清晰以外，也可适当幽默，使谈话气氛变得轻松愉悦，同时也能展示自己的优雅气质和从容风度。尤其是当遇到难以回答的问题时，机智幽默的语言更能显示自己的聪明智慧，有助于给人以良好的印象。

（4）察言观色，注意听者的反应。求职面试不同于演讲，而是更接近于一般的交谈。交谈中，应随时注意听者的反应。比如，听者心不在焉，可能表示他对自己这段话没有兴趣，你得设法转移话题；侧耳倾听，可能表明由于自己音量过小使对方难以听清；皱眉、摆头可能表示自己言语有不当之处。根据对方的这些反应，就要适时地调整自己的语言、语调、语气、音量、修辞，包括陈述内容等。

【技能实训】

把《瓜瓜吃瓜》这个故事讲给同学听，注意运用讲故事的一般技巧。讲完后，请同学们相互点评。

瓜瓜吃瓜

有个小朋友，他的名字可怪了，他叫瓜瓜，就是西瓜的那个瓜。他干吗叫瓜瓜呀？原来他生下来的时候，胖墩墩，圆滚滚，就像个大西瓜。

瓜瓜可爱吃西瓜啦，他一下能吃几大块。有一天，天热极了，瓜瓜又闹着要吃西瓜。妈妈拿出一个小西瓜来，对瓜瓜说："就剩这个小的了，先吃着吧。"妈妈切开西瓜，上班去了。瓜瓜斜眼儿瞧了瞧那西瓜，翘起了嘴巴，心想：哼，这也叫西瓜？可他怪口渴的，又想：瓜儿小，说不定还挺甜哩！就拿起一块，咬了一口。"哎，一点儿也不甜。"

他吃完一块，心里生着气，一甩手，把西瓜皮从窗口扔了出去，掉在胡同里的路上了。

哟！来了个人，慢慢地走近了，是一位老奶奶，没错儿，是外婆来了。真的，还抱着一个大西瓜呢！

瓜瓜大声嚷嚷："外婆，我来接你……"就连蹦带跳，跑下楼去。

外婆听见了，心里一高兴，加快了脚步。走到瓜瓜家楼下，不小心，一脚踩在西瓜皮上，滑了一跤，手里抱的大西瓜，啪嗒一下，摔了个粉碎。

外婆一边爬起来，一边说："唉哟，谁把西瓜皮扔了这一地！"

瓜瓜出了门看见外婆坐在地上，连忙跑去把她搀起来，一边气呼呼地抬起脚，往西瓜皮上踩："该死的西瓜皮，哪个坏蛋扔的。"

咦，这西瓜皮怎么这么眼熟呢？——坏了，可不就是他自己扔的吗！

瓜瓜再看看外婆带来的大西瓜，瓤儿红红的，一定很甜，可惜全都碎了，沾上了泥。他只好咽着口水，拿起碎瓜块往垃圾箱里扔。

外婆不知道西瓜皮是瓜瓜扔的，只看见瓜瓜把西瓜皮扔到垃圾箱去，就说："咱瓜瓜真懂事啊。"

【任务拓展】

1. 以幼儿保育员的身份，向前来咨询、参观、考察幼儿园的小朋友家长介绍园区幼儿生活场所和一日常规活动。

2. 佳佳在幼儿园睡觉时经常从睡梦中惊吓醒来，保育老师问她也不说，园长决定派你去佳佳家里进行一次家访。请你设计一份家访方案，拟定谈话提纲，设想家访情形，在班内与同学交流。

3. 以小组为单位，每个人讲一个童话故事，然后就讲故事技巧运用方面进行相互点评。

【活动评价】

请结合本次任务完成全过程，对自己的学习进行客观评价。

评价指标	评价结果	备注
1. 对日常交谈技巧有基本了解	优秀□　良好□　一般□　合格□	
2. 了解拜访接待基本知识和技巧	优秀□　良好□　一般□　合格□	
3. 知道讲故事的基本技巧	优秀□　良好□　一般□　合格□	
4. 基本了解面试交谈技巧	优秀□　良好□　一般□　合格□	
5. 能积极主动完成本次学习活动	优秀□　良好□　一般□　合格□	
综合评价：		

项目四

教师口语交际训练

口语交际是特定的人在特定的语境里，为了特定的目的，运用语言手段传递信息、交流思想和表达感情的一种言语活动。作为一名教师，必须具备良好的口语表达能力。要成为合格的幼儿教师，就必须加强口语交际训练。幼儿教师口语交际体现在对幼儿的教育、教学中，也体现在与同事、学生家长等的沟通交流中。针对不同的交际对象，教师要不断地提高沟通能力，运用不同形式的交际口语，达到良好的沟通效果。本项目重点介绍教师教学口语、教育口语、交际口语并指导训练，针对教师在交流中常见的一些问题进行分析。

任务十一 教学口语分类训练

案例导入

中班语言活动《好神奇的小石头》[1]

师：小朋友们，今天老师给你们带来了一位神秘的客人，看，这是谁？

幼：魔法师。

师：魔法师给我们带来了一件礼物，这可是一件非常神奇的礼物哦！看，我手上是什么？（出示小石头）它和你们平时见到的石头是不是差不多？它到底哪里神奇呢？它的秘密藏在这本书里，我们一起来看看吧！

上面是幼儿园活动课上一名教师所使用的导入语。教师用提问的方式调动了幼儿的学习兴趣，引导孩子们全心投入接下来的学习中。

【知识储备】

一、教学口语的作用与实施原则

幼儿教师教学口语是教师在幼儿学习活动中为达到教学目标所使用的语言。教师要使用便于幼儿理解、符合幼儿认知的教学语言，激发幼儿的学习兴趣，以达到增长知识、获得经验的目的。同时

[1] 引自《幼儿园教育活动设计与实施案例》

教师对课堂上出现的意外情况也要有一定的应变和调控能力，以维持课堂秩序，保证教学的顺利进行。教学口语的实施需要遵循以下原则。

（一）规范精简

幼儿教师的教学语言应做到规范，主要表现在普通话的规范使用，避免方言和不恰当语言的运用。说好普通话是作为优秀幼儿教师的必要条件，在教学过程中，语音要标准，词汇和语法运用要恰当，谨慎使用网络用语。幼儿的认知能力有限，教师语言要简洁易懂，便于幼儿的理解。要多使用简单句，正话正说，不说反语等易让幼儿迷惑不解的语言，讲解要由浅入深。

（二）教育启发

教师在教学时不仅仅是在传授知识，教师要作为一位引导者，去启发学龄前的幼儿独立思考，培养幼儿主动探索知识的兴趣，刺激幼儿的智能发展。教学时多提问，鼓励幼儿发挥想象力，对幼儿的发言进行归纳总结，并给予肯定和客观的评价。

（三）形象生动

学龄前幼儿正处于对事物一知半解的阶段，幼儿教师的教学语言要符合幼儿的认知水平，熟练转换不同类型的语言。在描述事物时，使用不同的修辞手法，尽量做到形象生动，多使用拟声词，配合不同的语气、表情、动作，便于幼儿理解，让幼儿懂得道理，学到知识。

（四）具有针对性

幼儿教师的教学语言要注意不同年龄阶段幼儿的认知和接受力特点，针对小、中、大班的教学语言要各有区别。

1. 小班（3~4 岁）幼儿的教学口语

（1）使用简单易懂的词语，多用单句、短句。

（2）表扬或批评要有具体内容。

（3）多使用体态语言，感情丰富，描述时多使用拟人修辞。

（4）语速要慢，语句可以重复。

2. 中班（4~5 岁）幼儿的教学口语

（1）开始使用较长语句，语言表达内容更丰富多样。

（2）拓宽提问的内容，并不拘泥于一种答案。

（3）减少重复语言的使用。

3. 大班（5~6 岁）幼儿教学口语

（1）语言中运用的修辞手法更加丰富，复杂句运用较多。

（2）语言更加精炼。

二、教学谈话用语

教学谈话是在教师的引导下，幼儿围绕特定的话题，以交谈为主要形式的语言活动。教学谈话用语要注重交流与谈话。交流与谈话的不同之处在于：交流是在开展教学活动前，教师与幼儿进行的交谈，幼儿可以自由发表自己的意见；谈话是在开展教学活动的过程中，教师带领幼儿围绕某个话题，发表自己的观点和看法，最后达成共识的一种交谈方式。

（一）交流语

教师在教学中使用交流语时要注意以下几点：

第一，交流要平等。教师可以蹲坐下来，带着一颗童心和幼儿进行面对面的沟通。第二，交流中注意观察幼儿的反应，给予幼儿及时的回应，态度要诚恳。第三，根据幼儿不同的年龄阶段，交流的内容要符合幼儿的认知水平。第四，用多样的话题激发幼儿交流的兴趣。

范例

中班谈话活动：我的好朋友

师：小朋友们，你们有没有好朋友啊？

幼：有！

师：你们的好朋友是幼儿园班上的同学吗？

幼：是（不是）。

师：来，我们都来说说自己的好朋友是谁，一个一个说。

上面的交流中，教师选取幼儿感兴趣的“好朋友”话题，激发幼儿表达的欲望，能让幼儿畅所欲言。

（二）谈话语

谈话用语要在宽松和民主的氛围中，和幼儿围绕话题进行自由的交流。与幼儿谈话时要注意以下几点：

第一，话题具有趣味性，围绕中心进行交谈；

第二，谈话时要注意互动性和启发性；

第三，提供机会让幼儿与同伴积极互动，使幼儿通过与他人交谈学到有用的经验。

范例

中班谈话活动：保护耳朵

师：今天，老师给大家带来了一个谜语，这个谜语跟我们的身体是有关系的，听仔细喔！两个好朋友，长得就像3，一个在左边，一个在右边，各种声音来，它都能分辨。同学们，它是什么？

幼：耳朵。

师：是耳朵，你们从哪里猜出来是耳朵的？

幼：因为耳朵是听声音的。

师：哦，能听见声音，还有吗？耳朵长得像数字3吗？

幼：像！

师：耳朵有几只？君君你来说。

幼：两只。一只在左边，一只在右边。

师：哦，一只在左边，一只在右边。最关键的是它们还能分辨声音。对啦，谜底就是耳朵。今天老师还带来了很多照片，这些照片和耳朵有什么关系？我们一起来看一看、说一说，好不好？

上面的谈话活动中教师运用了多种方式，如听猜谜语、观察图片等方式让幼儿兴趣盎然地参与关于保护耳朵的话题讨论。谈话内容符合中班幼儿认知发展水平和学习特点，有助于启发幼儿在学习过程中主动思考，积极清楚地表达自己的想法。

三、教学活动用语

（一）导入语

导入语是教师为了引入教学内容、吸引幼儿的注意力，在刚开始上课时使用的语言。导入语的设计，要富有童趣和启发性，要用简洁生动的语言激发幼儿的兴趣和学习欲望，从而完成教学任务，实现教学目的。

导入语应该以幼儿熟悉的人和事物为话题，使用问题导入、情景导入、故事导入、谜语导入、诗歌导入、教具导入、音乐导入等方式进行导入。

范例

师：小朋友们，你们经常和爸爸妈妈一起出去玩儿吗？

幼：是。

师：当我们想邀请爸爸妈妈出去玩儿时，应该怎么说呢？

幼：爸爸妈妈，你们能和我一起去玩儿吗？

师：真棒，今天让我们也来邀请小动物们一起玩儿吧！

（播放歌曲，小动物们依次出场）

上面的导入使用了问题导入、音乐导入等方式，创造情景引导幼儿开始礼貌用语的使用练习。以幼儿熟悉的日常生活经验为出发点，设置引导语，以音乐和情景的运用让幼儿兴趣满满地投入到新课的学习中去。

（二）讲解语

讲解语是教师在课程中使用的语言，是教学技能的一种体现。教学过程中，教师的讲解语要让幼儿明白“三个什么”：“是什么”“为什么”“做什么”。讲解中要使用正确的课堂用语，语音要标准，语言要生动具体，多用解释或描述的方式，联系幼儿已有的生活经验，使幼儿更全面地了解事物的特征。

讲解语还可以结合体态语言或教具，为幼儿进行示范，更直观地让幼儿理解所讲解的内容，帮助幼儿加深记忆。

范例

师：小朋友们，我们每个人都离不开水，小动物们和花草树木们也离不开水，没有水我们就没办法活下去。日常生活中我们要节约用水，那我们应该怎样做呢？看，老师打开水龙头洗手，冲洗后马上关上，这样就是节约用水啦！

上述案例中教师三言两语就向幼儿讲清楚了水的作用、我们为什么要节约用水以及怎样节约用水，可谓简洁明了。

（三）提问语

提问语是在教学过程中，教师提出问题和幼儿进行互动，从而促进幼儿思考、检查学习效果、培养和发展幼儿的思维能力和创造能力的对话用语。提问也是教学活动中最常见的一种教学方法。

提问语要和教学内容相关，采用设问句、疑问句、反问句等多种方式，让幼儿积极参与到交流中来。提问后要给予幼儿适当的时间思考，教师要观察和倾听幼儿对问题的反应，及时做出反馈，再一次地强化教学内容。

范例

师：故事书《好神奇的小石头》里面的石头变出了哪些颜色？

幼：灰色、黄色……

师：这么多颜色我们可以用什么词来形容呢？

幼：五颜六色……

师：我们一起来听听故事书里在说什么？

教师以提问的方式引导幼儿熟悉绘本故事的内容，通过提问激发了幼儿兴趣，在回答问题的过程中锻炼了幼儿的语言表达能力。

（四）结束语

结束语就是教师在课堂活动结束时使用的语言。结束语通常用来归纳总结活动内容，强化幼儿记忆，引导巩固所学知识和技能。

结束语要简明、清晰，具有概括内容、画龙点睛、承上启下的作用。

范例

师：小朋友们，今天老师带来的故事《不要随便摸我》告诉我们，隐私部位别人不能碰，如果遇到危险或是可疑的人，我们应该怎样保护自己呢？

幼：打电话给爸爸妈妈、找警察、大声呼叫求救……

师：大家说得都很对！平时我们要保护好自己，同时也要尊重别人的身体。下次老师会继续给大家讲绘本故事《身体的秘密》，来一次有趣的身体旅行，好吗？

幼：好！

上面的结束语是对本次课程的总结与强调。最后还进行了活动的延伸，为下次课程的内容做了准备。

四、教学中的应变与调控

（一）学龄前幼儿注意力的特点

注意力是人的心理活动有指向性地集中在某一事物上。学龄前幼儿注意分为无意注意与有意注意，幼儿的无意注意已有很好的发展，有意注意还在逐步形成中。

1. 无意注意

无意注意是幼儿受到客观刺激物的影响，不由自主地对一定事物所产生的注意。幼儿会被感兴趣的、色彩鲜明的、活动的、有变化的事物吸引，从而引起无意注意，如身边有人经过或是大声说话，幼儿都会不由自主地被吸引。

2. 有意注意

有意注意是幼儿有目的、具有一定意志努力的注意，是教师应着重培养的一种注意。随着年龄的增长，幼儿有意注意的时间会变长。

教师在上课之前采取问答的形式，引导幼儿按照所答要求去做，就可以吸引幼儿的有意注意。例如教师先发出指令，说“1、2、3”，引导幼儿回答“请安静”，教师接着说“小眼睛”，幼儿答“看老师”，教师说“小小手”，幼儿答“要放好”，这种方式就能迅速集中幼儿的注意力。

教学中，幼儿的无意注意和有意注意会影响教学的效果，对幼儿能否完成学习和游戏任务有着十分重要的作用。

（二）教学中的应变与调控

在教学过程中，教师引导幼儿认识了生活中的一些便民设施，如“自动提款机”“自动售票机”之后，总结这些设施的出现方便了人们的生活，并指出PPT中出现的“方便”二字。突然，一个幼儿大声说：“老师，我认识这个字，这是‘大便’的‘便’！”其他幼儿听到都笑了起来，叽叽喳喳开始了讨论，教室纪律开始混乱。这时，教师点了点头，不慌不忙地说：“不错，这两个字是一样的。老师接下来要提问了，哪些小朋友知道生活中还有哪些机器方便了我们的生活？我们一起来说说好吗？”这时，幼儿安静了下来，将注意力转移到教师所提的问题上来。

1. 教学中突发事件的类型

教学活动过程中常常会遇到意外情况，意外情况一般来自三个方面：

（1）来自教师自己，如疏忽、遗漏等教学失误。教师在教学前虽做了准备，但在教学过程中仍可能出现各种各样临时性的失误，如 PPT 中的音视频无法播放、实验操作失误、教具遗失等。

（2）来自外界的意外情况。如上课中临时停电、教室里发生与教学无关的事件等。

（3）来自幼儿，如幼儿突然提出一些偏离教学中心的问题。幼儿的想象力丰富，经常会由教学中的某一事物马上联想到其他的事物偏离教学的中心。

2. 教学中突发事件的调控原则

（1）心态平和、沉着冷静。教学中出现意外情况不要惊慌，如出现教学事故，可以临时改变教学安排，如 PPT 中的音频无法播放，那教师可以通过自己诵读、清唱进行替代，或是跳过这一步骤直接进入下一环节。总之，偶遇意外时，教师要把心态放平和，不要在幼儿面前表现出惊慌失措的样子，以免影响幼儿的情绪。

（2）随机应变、积极应对。在教学中遭遇突发事件时，要善于挖掘事件中的积极因素巧妙应对。

范例

教学过程中，老师正带领幼儿边唱边跳，突然一只小鸟飞进了教室，幼儿的注意力都集中到小鸟身上。于是，老师说："小朋友们，也许是我们唱得太好听了，连这只可爱的小鸟也被我们的歌声吸引过来了，那就让小鸟来当观众，我们要唱得更好，跳得更欢，好吗！"

3. 教学中突发事件的调控方法

教学中的突发事件不可避免，应对与调控更能体现教师的综合水平和素养，它要求教师富有爱心，加强自身修养，熟练掌握幼儿教师口语的表达技巧，机智巧妙地运用合适方法进行有效调控。

（1）注意力的转移。对于一些比较活跃和表现力强的幼儿，既要对他的优点给予合理的肯定，也要对他的缺点进行纠正，把幼儿的注意力迁移到教师预设的教学活动中来。如前面案例中出现的由"方便"联想到"大便"的幼儿，教师首先对幼儿词义的联想进行了肯定，同时淡化处理其他幼儿哄笑的行为，再用问题把幼儿的注意力转移到教学重点上来，保证了教学的顺利开展。

（2）问题的迁移。有些想象力丰富的幼儿，他们对外界的事物有着十足的好奇心，教学过程中可能会提出一些似是而非、一时难以解答的问题。这时教师可以将幼儿的问题进行合理延缓、迁移和分解，以保护其好奇心，并引导其养成探究问题的良好习惯。

范例

幼儿问："为什么头发只长在头上而不长在其他地方呢？"教师回答："是啊，头发怎么只长在头上呢？让我们带着这个问题，回家和爸爸妈妈一起查阅资料，找找答案。老师也会认真查阅，明天和大家共同分享我们的查询结果，到时候看谁的结果更令大家满意，好吗？"

（3）语言的共鸣。幼儿教师的语言要富有童真，要能说进孩子的心灵，引起他们的共鸣。

范例

大班幼儿正在听老师讲故事，突然，自然角养的小乌龟爬了出来，爬到了一位小朋友的脚下，其他幼儿都叫了起来。

这时老师面带笑容地说：“小乌龟啊，你要乖乖地在你的小房子里待着，不能乱跑乱动啊，等小朋友学会了这个故事，下课了才能再讲给你听啊！你现在就跑出来，大家自己都还没有学会呢！快回去吧！”说完，顺势把小乌龟送回了原处。

这位老师运用拟人化的言语，不仅提醒了小朋友听故事要守纪律，还顺利地解决了这一突发事件。

【技能实训】

1. 分析下列导入语，说说它们设计得是否合理。

小班语言活动——“带着宝贝上幼儿园”

（出示教师的宝贝）小朋友们，你们看这是什么？这是老师的包包，它每天都陪着我上班，保管好我的东西，这个包包是老师最喜欢的宝贝，你们有自己的宝贝吗？

中班科学活动

小朋友们，今天老师给大家带来了一样东西，它藏在盒子里，谁想上来摸摸看？把你摸到东西的样子告诉其他小朋友，我们一起来猜猜他摸到的是什么，猜对的小朋友，老师会把小礼物送给他哦！

2. 请为语言活动诗歌《太阳》设计一段描述式讲解语。

太阳

太阳是个大灯泡，金色光线一道道。
太阳是个大火炉，照得大地热乎乎。
太阳是个老爷爷，活了千年万万月。
太阳是个运动员，天天长跑在蓝天。
太阳是个万宝箱，万物生长靠太阳！

【任务拓展】

1. 针对“如何正确地洗手”这个教学活动，设计一段导入语和结束语。

2. 教师上课讲到“小花猫”时，有小朋友在下面大声地学猫叫，你作为幼儿老师该如何应对和调控呢？同学们相互说一说，评一评。

【活动评价】

请结合本次任务完成全过程，对自己的学习进行客观评价。

评价指标	评价结果	备注
1. 对教学口语有基本了解	优秀□　良好□　一般□　合格□	
2. 对教学口语的类型有基本了解	优秀□　良好□　一般□　合格□	
3. 对教学中的应变与调控有基本了解	优秀□　良好□　一般□　合格□	
4. 能积极主动完成本次学习活动	优秀□　良好□　一般□　合格□	
综合评价：		

任务十二　教育口语分类训练

案例导入

中班区角活动时，洋洋把绘本撕坏了，老师说："洋洋，书里面的小兔子跟我说，她的耳朵折断了，身体也破了，真疼啊！小兔子每天最盼望的事情就是给小朋友们讲故事，现在却不能讲了，它好伤心啊！伤心得都哭起来了！让我们以后好好地爱护它们，好吗？"

中班阶段可以开始引导教育幼儿懂得爱护图书了。在上面的情景中，教师在教育中用拟人的方式，让幼儿感同身受，了解到不能撕书的道理。教师用委婉的语言，找准合适的切入点，既说明了道理，又指导了幼儿的行为，表述也符合幼儿的认知，能达到良好的教育效果。

【知识储备】

幼儿教师教育口语是教师对幼儿的言行和思想中的不妥之处，进行规范和道德品质教育时所使用的语言。教师使用浅显清晰的语言阐明道理，要因人施教，循循善诱，结合适当举例和生动的表述，最终达到教育的目的。

一、教育口语的实施要求

（一）阐明道理

教育口语要求浅显易懂，讲述道理一般由浅入深，可从身边的事物说起，从幼儿熟悉的人和现象开始，逐步扩大范围。对问题的描述要直观形象，可直接讲出做错事的危害性等，忌空洞无物地讲大道理。

（二）因人施教

教师要尊重幼儿的性格差异，方式不能一概而论，要根据孩子的个性特点和不同的心理特征因人施教。教育要选择适当的时机，抓住幼儿听得进去的时候适时说教，而且要反复强化，一遍不奏效，就多次强调，使幼儿入脑入心。

（三）循循善诱

教师的语气要委婉亲切，不要强硬地命令幼儿该怎么做。要把握好角度，找准时机切入，因势利导，让教育春风化雨般地贯穿在教学和日常生活之中。

（四）换位思考

对处在学龄前的幼儿，教育的方式要注意感同身受。幼儿的认知水平有限，在教育过程中要尝试以幼儿自身的感受为出发点，让他们学会换位思考，这样的教育效果会更加明显。

（五）生动表述

教师应该带着一颗童心，用生动形象的语言、丰富的表情和恰当的肢体动作去吸引幼儿的注意力，使幼儿心灵受到感染，以增强教育效果，达到教育目的。

二、教育口语的实施原则

（一）民主平等

教育活动中，教师要尊重幼儿，以平等的态度对待幼儿。对于幼儿的倾诉，教师要耐心倾听并给予积极适当的回应。教育中要多发挥幼儿认知的主观能动性，教师可以使用商量性的语言，与幼儿进行沟通和讨论，在教育的同时锻炼幼儿的口语表达能力。

（二）正向积极

教育幼儿的前提是爱护幼儿，呵护幼儿身心健康成长。教师本身要有积极健康的心态，才能引导幼儿正向地看待和解决问题。学龄前幼儿的道德观、价值观正在发展形成的阶段，教师的态度和行为会直接影响到幼儿对事物的看法。教育中多使用肯定性的语言，及时对幼儿正确的行为进行表扬，让幼儿学会分辨是与非、对与错、美与丑、善与恶。

（三）共情直白

教育幼儿要使用直观形象的语言，对于错误的行为，要引导幼儿换位思考。空洞的说教式语言，无法引起幼儿认知上的共鸣。在和幼儿沟通教育时，教师应该让自己的语言生动形象，配合一定的肢体动作，变换不同的语调和语气，让教育变得有画面感，更加符合幼儿的认知水平。

三、教育口语的分类

面对不同的幼儿，结合不同的教育目的，教师应使用不同的教育口语。总体来说，教师的教育口语可分为沟通语、激励语、说服语、表扬语、批评语等。

（一）沟通语

沟通语就是在体察对方特定处境的前提下，迅速选择适当的表达内容和表达方式，以争取对方认同或配合的言语策略和技巧。教师与幼儿之间良好的沟通，能够让幼儿感受到教师对自己的关爱，互动式交流也锻炼了幼儿的语言表达能力和社交能力。

教师与幼儿之间的沟通形式分为两种：

（1）非语言沟通。如教师蹲下身，与幼儿身高齐平或是面对面，注视幼儿的眼睛，专注听幼儿说话，面带微笑等。这些非语言的沟通会拉近教师与幼儿心灵间的距离，让幼儿对教师有信任感，愿意亲近教师，说出自己的想法。

（2）语言沟通。对于能够完整表达想法的幼儿，教师在听完他们的讲述后，可以顺着孩子的思路，引导孩子正确看待问题和解决问题；对于无法完整表述问题的幼儿，教师可以拾遗补漏，对幼儿的话语及时给予补充，引导幼儿完整表达。

范例

幼儿园手工活动中，天天的小青蛙折得又快又好。老师主动走过去让天天教自己折纸，天天惊奇地说："老师，你不会折吗？"老师说："是啊，老师也有不会的事情，也需要向别人学习呢！"天天高兴地教起老师来。而且，老师发现天天也很乐意教别的小朋友折纸。

案例中教师找准时机主动与幼儿进行沟通，教师的平等对待和虚心"请教"，让幼儿愿意参与到交流中来，也为日后教师与幼儿之间的良好沟通建立了情感上的基础。

（二）激励语

激励语是指教师运用赞美、表扬、刺激鼓励等方式激励学生奋发向上的教育口语。激励语的特点是刺激性、鼓动性强。

教师在使用激励语时要掌握以下技巧：

（1）赞扬幼儿要结合具体的人和事，突出重点。要用褒义词，语气亲切，语调高扬。

（2）赞扬的时机恰当。善于发现幼儿的闪光点，及时恰当地给予赞扬。

（3）注意平等待人，赞扬一个小朋友的同时不要让其他小朋友有失落感。幼儿有模仿学习的特点，要在表扬的同时树立榜样，指明方向，激励幼儿模仿好的行为，纠正自身的不良行为。

范例

乐乐在画画时把狮子涂成了黑色，老师看见了没有纠正，而是蹲下来问道："乐乐，有黑色的狮子吗？"乐乐看见老师没有责怪他，便大声说："那是因为我画的是晚上，狮子正在笼子里睡觉呢！"老师笑着摸了摸乐乐的小脑袋，说："乐乐很会观察哦，天黑了，我们就看不见狮子了。"得到老师的鼓励，乐乐更起劲地说："老师，我还知道狮子的家在哪里呢……"

案例中幼儿在得到老师的鼓励和认可的情况下，会感受到来自他人的尊重。适度的激励，可以激发幼儿积极的情绪，增强幼儿的自信心和对良好行为习惯的强化，让幼儿乐于与教师进行情感与认知上的交流。

（三）说服语

说服语要在与幼儿充分沟通的基础上，教师通过言传身教，使幼儿接受教师的意见和主张，从而改变不良行为举止，把幼儿的思想行为引导到预期的教育目标上来。教师在进行说服的时候，要目标明确、态度诚恳，根据幼儿的性格差异和不同的气质类型，使用不同的说服语言。

说服语分为两种类型：

（1）直接说服。说服时直接切入主题，用讲道理、摆事实的方式进行教育。

（2）间接说服。使用迂回的方式，先顺应幼儿的话语，教师再说出自己的想法，以情动人，让幼儿慢慢接受。

范例

教室里，一位小朋友跑到老师面前，气鼓鼓地说："老师，君君拿了我的玩具！"老师跟着小朋友找到了君君。看着两位气呼呼的小朋友，老师蹲下身，拉着君君的小手，说："君君，老师并没有批评你的意思，只是大家都想玩这个玩具，我们应该怎么办呢？"接下来，老师和两位小朋友讨论该怎样和小伙伴一起玩游戏，就这样，两个小朋友都开心起来。

案例中，幼儿在遇到问题时，老师的耐心劝说和积极引导，不仅有效地保护了幼儿的自尊心，也让幼儿在情感上接受了教师的劝导和启发，更好地解决了问题。

（四）表扬语

表扬语是对幼儿的行为进行恰当的鼓励和肯定的话语。表扬会让幼儿直接感受到来自教师的关爱和尊重，从而产生精神上的愉悦，增强自信心，对正确的行为进行保持。

表扬语的使用要注意以下几点：

（1）教师使用表扬语时态度要真诚，精神要饱满，语调要热情。

（2）表扬内容要具体，用语要准确恰当。要直接说出幼儿的优点，针对某一方面进行表扬，不能一概而论、简单使用"你真棒""真不错"这样笼统性的表扬语。

（3）表扬形式要多样化。同样的表扬语多次使用，无法反复激励幼儿，要增加表扬类用语，配合肢体动作、表情、语气、语调，让表扬变得生动而丰富。

范例

雯雯平时在幼儿园说话总是轻声轻气。有一次，老师上课时请她发言，一开始雯雯的声音小得都听不见，老师看着她的眼睛，微笑着说："雯雯，声音再大一点老师会听得更清楚。"雯雯鼓起勇气大声地说完后，老师说："真不错，你这一次比上一次说得更清楚，老师都听到了。小朋友们，我们一起为雯雯的进步鼓掌吧！"雯雯红着脸笑眯眯地坐下了。后来，老师发现她在幼儿园更加自信了，说话声音也更大了。

案例中教师在表扬雯雯时，语言简单明了，明确指出了雯雯做得好的地方，还与雯雯进行了直接的眼神接触，给予了雯雯信心与鼓励。

（五）批评语

批评语是教师对幼儿的不良行为直接进行的否定评价。适当的批评和表扬穿插进行，能够让幼儿分辨对错，提高是非辨别能力。

教师在使用批评语的时候要注意以下几点：

（1）控制情绪，措辞恰当。不要使用尖锐的批评用语，如"你真笨"等，以免幼儿的心理受到打击，产生负面情绪。

（2）就事论事、一事一评，不要算总账。一般来说，刨老底式的数落很难达到教育纠错的目的，还可能适得其反。

（3）直接指出错误所在，说出危害的重点。要直接指出幼儿应该改进的方面，让幼儿明白并进行纠正。

范例

接连几天，小俊跟老师说班上有小朋友把小毛巾扔到了垃圾桶，都是他发现并捡回来的。一开始，老师当着全班小朋友的面表扬了小俊，后来发现扔毛巾、捡毛巾、报告老师都是小俊一人完成的。

明白事实真相后，老师找到小俊，蹲下身搂住他，说："小俊很想为大家做些事情，因为帮助别人会让别人开心，看到别人开心，自己也会开心，对不对？"看到小俊点点头，老师接着说："可是，你把毛巾扔到了垃圾桶，这种做法是错误的；你撒谎说是别人扔的，这是不诚实的；然后你又捡回了毛巾，这个行为又是对的。老师也了解了，你就是很想为大家做好事，但是又没有机会，那从今天起，你就当咱们班的毛巾小卫士，专门看好班上小朋友们的毛巾，好吗？"小俊听了老师的话，诚恳地点了点头，高兴地接受了任务。

在教育批评的过程中，教师明确指出了小俊做错事和说谎话的行为，但语气措辞都很委婉，没有对小俊的心灵进行打击。同时安排了新任务给小俊，让他既认识了错误，又感受到教师的信任。

【技能实训】

1. 分析以下教育用语，说说它们属于哪些类型。

（1）壮壮回答得真准确，大家为他鼓掌！老师相信小朋友下次一定可以回答得更流利，更准确。

（2）地上丢的是什么呀？哦，是西瓜皮。西瓜皮丢在地上，人踩上去会跌倒的。我们小朋友都是讲卫生的孩子，恐怕是西瓜太好吃了，一下子忘了把它丢进果皮箱吧？是哪位小朋友想起来了没有？来，我们把它捡起来，丢进果皮箱里。以后我们可别忘了，垃圾果皮一定要归箱哦！

（3）小美妈妈出差好几天了，小美误以为妈妈不要自己了，午睡时突然哭了起来。老师说："妈妈出差不是为了工作吗？等工作做完了，妈妈就回来了！你想妈妈，妈妈一定也想你，她一定会回来的，而且回来的时候还会带礼物给你呢！"

（4）小雨，如果你做操也像画画一样认真，那就更好了。

2. 针对班上有些同学清洁值日不负责的现象开展批评活动，注意批评要委婉适度。

【任务拓展】

1. 了解对不同气质幼儿的教育口语运用。

对不同气质幼儿的教育口语运用

多血质幼儿：活泼型幼儿，易接受批评，但忘得快。教师的话要具体明白，点到问题的核心。证据要确凿，不容置疑。可目光直视，增加体态语。

粘液质幼儿：安静型幼儿，要多鼓励少批评，用悦耳活泼的声调、面带微笑的表情，鼓励他们参加集体活动。同时注意启发他们多角度思考问题。

胆汁质幼儿：兴奋型幼儿，易冲动，要强，要在其情绪平静后温和诱导。教师要特别注意自己的方法和语言，音量要低，语言要婉转，语气要柔和。尽量做到既触动他们又不触怒他们。

抑郁质幼儿：抑郁质幼儿的神经类型是弱型的，教师要语气亲切，语调柔和，用和蔼的目光看着他，或轻轻拉着他的手，使他觉得老师可以信赖。要多用肯定性评价帮助他们树立自信，千万不要在公共场合打击他们。

2. 案例解析：中班的轩轩小朋友未经过老师允许就把幼儿园的玩具带回了家，第二天也没有带回来。请你设计一段批评语，在不伤害轩轩自尊心的前提下，使孩子明白这样做不对，并自觉送回玩具。

【活动评价】

请结合本次任务完成全过程，对自己的学习进行客观评价。

评价指标	评价结果	备注
1. 对教育口语有基本了解	优秀□　良好□　一般□　合格□	
2. 对教育口语的类型有基本了解	优秀□　良好□　一般□　合格□	
3. 对不同教育口语的运用有基本了解	优秀□　良好□　一般□　合格□	
4. 能积极主动完成本次学习活动	优秀□　良好□　一般□　合格□	
综合评价：		

任务十三　教师交际口语分类训练

案例导入

一位家长打来电话，怒气冲冲地质问秦老师：“你是姓秦的吗？你凭什么将我儿子的玩具给别人家的小孩子？”“啊？您好，对不起，我没听明白您说的话，您是说，我将您儿子的玩具给别人家孩子了吗？”“对头，我说的就是这个意思！”家长在电话那端吼道。“哦，谁说我将您儿子的玩具给别人啊？”“谁说的？我儿子——回家就哭，说他的玩具在别人手里，这不是你班主任给的，谁给的？”“您能不能说一下是什么玩具啊？”“一个会唱歌跳舞的电动小熊猫……”“哦，我想起来了——今天，是有个小朋友玩过电动小熊猫，不过，据我所知，这个玩具是那位小朋友的妈妈给他送来的，玩具上还贴着那位小朋友的名字……再说，我也没有将您儿子的玩具送给别人用呢……”“胡说，那玩具就是我儿子的！我前天刚给他买的……”“您别急啊，这样吧，您先在家里找找，看您儿子的电动小熊猫是否在自己家里？”“嗯，行，我先看看！”过了一会儿，秦老师的电话再次响起，那位家长很惭愧地说：“秦老师，我错怪你了……我儿子的电动小熊猫躺在他的衣柜里呢……没想到别的小朋友也有同样的玩具，不好意思啊，不好意思……”“没关系，玩具找到了就好……”

秦老师的讲话做到了口语清晰，表达流畅，不拖泥带水。对话中，耐心倾听对方的说话，让对方感觉到自己很认真。她还善于思考问题症结，自然提醒家长，对平息家长的怒气起到了关键作用。

【知识储备】

一、与幼儿家长交际

（一）家访谈话

幼儿园教育与家庭教育紧密相连，互通情况，争取家长配合，是幼儿园教育不可缺少的一部分。因此，教师必须定期或不定期地进行家访。家访的目的是与幼儿家长互通情况，交流各方面的信息。它不仅能沟通教师与幼儿之间的感情，解决一些在幼儿园难以处理的问题，还能使幼儿家长了解并支持幼儿园的工作，在对幼儿教育方面与园方保持一致，形成教育的合力。

教师与家长谈话的基本程序和基本方式大体分为三个阶段展开：

第一阶段，教师向家长介绍幼儿园教育情况及幼儿在园里的表现。这个阶段基本上是以教师独白的形式进行。

第二阶段，教师向家长了解幼儿在家里的情况，包括幼儿家长的基本情况、家庭对幼儿的教育情况、幼儿在园外的情况等。这个阶段基本上是以教师发问、家长回答的形式进行。

第三阶段，家长与教师共同研究教育幼儿的措施与策略。这个阶段基本上是以双方交谈的方式进行。

教师家访前要做好以下两方面的准备：

（1）了解幼儿，把握家庭情况。家访前，教师必须对幼儿在幼儿园的表现有一个全面具体的了解，幼儿的优点有哪些，主要缺点是什么，应该加强哪些教育，有根有据，公正客观；对幼儿家庭应该有所把握，譬如家长的职业、家长的个性特征、家庭的基本状况、家庭教育情况等，以此确定说话的方式方法。

（2）目的明确，家访及时。每次家访的目的都应十分明确具体，或者因为幼儿存在某方面的缺点而去家访了解原因，或者因为幼儿有某方面的特长，希望得到家长的支持，或者因为家长忽略了某方面的教育而使幼儿存在某方面的不足，建议家长采取措施等。因为家访的目的不同，谈话重点也有所不同。每次家访，都必须带着解决一些问题的指导思想去，所以，教师必须及时发现问题，及时与家长联系，寻求方法及时解决问题。需要明确的是，家访必须从关心和教育幼儿出发，而不是向家长告状，不是利用家长来惩治幼儿。

家访谈话要讲策略与技巧。交谈时，要营造和谐的氛围。谈及幼儿在幼儿园表现要从正面肯定入手，创造良好的谈话氛围。当与家长意见不一致时，要避免与家长争吵，更不能对家长下达命令，对家长的建议和批评要巧妙地提出来。

家访语言要做到“五要五不要”，即要态度谦和，不要盛气凌人；要开诚布公，不要藏头露尾；要实事求是，不要转嫁责任；要胸有成竹，不要随意发挥；要一分为二，不要轻诺寡言。此外，还要把握好谈话时长，不要冗长拖沓。

（二）家长会谈话

家长会是由教师组织幼儿家长共同参加的集体会谈。召开家长会前，教师要精心准备，思考如何介绍幼儿园、班级概况，幼儿的学习情况及表现，需要家长配合解决的问题等。对于家长可能会提出的问题，要有一定的思想准备，以便在家长会上能够自如地应付，而不能打无准备之仗。

家长会上的讲话特点是“一对多”。教师讲话要从正面赞扬入手，不要点名批评幼儿，以免家长难堪，更不要把家长会变成“告状会”。要创造同喜同忧和谐融洽的谈话氛围，争取得到家长的配合，顺利完成既定的任务。

（三）接待家长来访谈话

家长来访包括当面来访与电话来访。当幼儿家长主动来访时，教师要热情接待，态度要谦和、诚恳，认真听取家长的意见并做出解答。如果态度冷淡，寥寥数语就想把家长打发走，无疑会失去家长的信任感，既有损于自己的教师形象，也影响幼儿园的声誉。在接待家长来访时，教师要迅速了解家长来访的动机与心情，认真倾听谈话内容，以便有针对性地调整话题或适应谈话的语境。

（四）亲子活动中的语言

“亲子活动”是“亲子教育”的重要组成部分，在介绍活动内容时，教师要清楚地说明活动的目的、意义、流程，这样才能达到普及科学育儿知识的目的，便于家长参与进来。示范活动时，教师语言要简练，活动规则要介绍清楚，提示家长注意事项，以便活动顺利开展。进行活动点评时，要以正面评价活动的成效、感谢家长的积极参与为主，有针对性地帮助家长指导幼儿，旨在使每个幼儿获得自身的最大发展，也使家长充分了解活动效果，对教师的工作能够充分肯定和信任，为下一次活动的开展奠定基础。

二、与单位同事交际

与单位同事的交际口语包括对上级领导的说话、与同事的谈话、在教研活动中与同事的交流等。与单位同事的口语交际应遵循以下原则：

（一）语境协调原则

语境是口语表达时所处的现实环境或具体情景。与同事交流时，教师口语交际的语境已有了变化，对象不再是幼儿和家长，环境不再是活动室或组织幼儿户外活动的空间等，说话的时间、地点、场合、对象都不同。这就要求教师及时转换角色，调整状态，在与同事交流时，做到语言运用与所处的特定言语交际环境相切合、相适应。

（二）语言得体原则

与单位同事交际，语言要得体，说话要符合表达者个人的身份、地位、文化修养等，要符合特定听众对象和交际环境及气氛的具体要求。

同上级谈话时，态度要认真，用语要谦恭、坦诚和简明。同时，要选择恰当的谈话时机，尽量讲指向性的话题，便于实现谈话目的。

与同级谈话时，要注意平等相待，真诚感人，语气要平和。谈话双方意见不合时，不要恶语伤人，冒犯对方；不要讥讽挖苦、穷追不舍。要从言语策略入手，说服对方。在集体活动中，教师作主持、串场、致辞等形式的讲话，用语要注意求新、求巧、求真。同时，时间一般不宜太长，应点到为止。

（三）尊重谅解原则

在与同事交往中的尊重，主要体现在三个方面：一是尊重对方的人格；二是尊重对方的秘密；三是回避对方的忌讳。尊重除了在言语内容上表现出来以外，还有一个十分重要的言语标志，就是运用敬辞尊称和必要的礼貌用语。

谅解是一种宽容大度的表现。言语交往过程中的谅解，就是在体察对方心理、领悟对方用意的基础上，不去挑剔或指责对方的言语疏忽或错误。

三、与相关部门交际

除了与服务对象、同事的交流，幼儿园老师与社会各方面的沟通交流和交道往来也是不可避免的。

为展示自身良好形象和给对方留下美好印象，教师在与相关部门、社区的口语交际中，需要注意以下几点：

（一）讲究文明礼貌

人际交往，无论是个人与个人之间、个人与集体之间，还是单位与单位之间，都必须讲究礼貌，都必须遵守礼貌准则和运用礼貌言语。

礼貌言语主要体现在三个方面：

1. 文雅

文雅是指说话文明雅致，不粗不俗。说话文雅就不能使用粗野庸俗的语词，不能使用侮辱对方人格的谩骂语言。不文雅的言语，轻则引起听话对象的不愉快、反感，重则激化矛盾，引发冲突。因此，言语表达时一定要杜绝脏话、粗话，清除语言垃圾，做到语言干净、文雅而有礼貌。

2. 和气

和气是指说话态度温和，口气热情，措辞委婉贴切。文雅主要是就言语内容而言，和气则是就说话态度而言。文雅的言语，温和的态度，必然构成文明礼貌的言语行为。

3. 谦和

谦和是指诚恳、虚心、谦逊，即在口语表达中能够接受他人的意见，正确对待他人的批评，不自以为是，不把观点看法强加于人。

在交往中得体地使用礼貌语言和谦词，可以给对方留下良好的印象。如好久不见面的人见面说“久违”，与素不相识的人初次见面说“久仰”，有了过失求人原谅说“请包涵”，请人帮忙说“劳驾”，有事找别人商量说“打扰”，请人勿远送说“请留步”，请人指点行为说“有不对的地方请指教”，不能陪人说话说“失陪”，送还物品叫“奉还”，陪同朋友叫“奉陪”，影响别人工作和休息说“打搅了”，当别人表示谢意时用“别客气”等。

（二）记住对方名字

初次见面，双方都会作自我介绍。这时就应及时记住对方的名字。如果没有听清楚，不妨再问一次，坦率地承认记不清楚无伤大雅。如果一直把疑问埋在心里，会影响以后谈话的进行。之后最好再作一次自我介绍，因为对方也许会像你一样，听不清楚你的名字。如果你想熟知对方的名字，也可详细地询问姓名具体的写法，对方也许会对你的坦率及对他的重视产生友好的回应。

（三）树立良好自信

初次见面，素昧平生，有人感到周身不自在，不好意思交谈；有人感到无从说起，没有办法交谈。究其原因还是缺乏与陌生人交谈的自信和勇气。所以，在与人交谈时要相信自己，因为任何人与陌生人交谈的勇气都不是与生俱来的，都需要通过训练逐步培养和提高。树立谈吐自信的方法有两种：一是自我安慰法，即交谈前，作自我安慰，适当默想：“沉住气，一句话一句话地说，别慌张！”二是自我信任法，即相信自己能说会道，做到该说的时候说，该笑的时候笑，不卑不亢，落落大方。时间一久，经历次数一多，胆怯心理必然消除，谈吐能力自然得到提高了。

四、网络交际语言

随着互联网的飞速发展，网络已成为人们重要的交际手段，人们依靠电脑、手机等媒介的交流活动越来越频繁和普及。然而，作为网络交际重要工具的网络语言却亟待规范。作为教师，自觉主导网络语言规范发展是义不容辞的职责。

（一）认识网络语言

网络语言（internet slang）是指从网络中产生或应用于网络交流的一种语言，包括中英文字母、标点、符号、拼音、图标（或图片）和文字等多种组合，多以拼音或者英文字母的缩写、含有某种特定意义的数字以及形象生动的网络动画和图片等形式出现。它诞生于 20 世纪 90 年代初，当时网民们为了提高网上聊天的效率或满足诙谐、逗乐等特定需要而采取了这种有别于传统平面媒介的语言形式，因其简洁生动，它一诞生就得到了广大网友的偏爱，发展迅速。久而久之，有些网络语言便形成了特定表述。进入 21 世纪的 20 多年来，随着互联网技术的革新，这种语言形式在互联网媒介的传播中有了极快的发展，越来越成为人们网络生活中必不可少的一部分。

网络语言往往要取决于它自身的生命力，如果是充满活力且能够经得起时间考验的，约定俗成后人们可以接受。但如果它无法经受时间的考验，也将很快被网友抛弃。因网络语言语体中除汉字外，还有错别字、数字、符号、拼音、外文字母的杂糅，近几年流行的更有外语词、字母词、火星文等，很多并不符合我们现代汉语的语法规定，因此它并不具备教学意义，不能引进教学领域。

（二）网络语言的负面影响

网络语言是汉语在虚拟环境下的一种语言变体，在网络这一交流平台使用中因其方便、简单、随意、直观甚至是幽默而被使用者接受，是时代的产物。在特定语境中使用网络语言是可以理解的，但从语言规范化方面看，网络语言却破坏了汉语的使用规则，干扰了语言文字的规范性，对青年一代尤其是对教育机构的教学活动造成了混乱。

以下是网络语言分类举例：

（1）错别字类：如用“偶”来代替“我”；把东西称作“东东”；把“同学们”称为“童鞋们”等。

（2）数字类：一般是利用谐音造词，如用“9494”表示“就是、就是”；“7456”表示“气死我了”；“555”表示“呜呜呜（哭泣声）”；“886”表示“拜拜了（再见）”等。

（3）外文类：根据原文的发音，找合适的汉字代替，如用“伊妹儿”代替 E-mail；“瘟都死”代替 windows；“荡”代替 download 等。

（4）字母类：造词方法仍是谐音，以单纯字母的发音代替原有的汉字，如“MM”表示“妹妹”；“E 文”表示“英文”；“S”表示“死”等。

（5）符号类：多以简单符号表示某种特定表情或文字，以表情居多。如“O.O”表示“惊讶”的表情；“TT”表示“流泪”的表情等。符号表示文字的多与谐音有关，如“=”表示“等”；“O”表示“哦”；“**”表示不雅语言等。

（6）引入类：从外文中直接引进词汇。

（三）使用网络语言的原则

（1）多了解网络语言。对于层出不穷、无孔不入的网络语言，作为幼儿老师，当一个新的网络词语产生时，应对其所产生的背景及表达的含义有所了解，这样，当与家长或其他人沟通交流时，才不至于因为对方使用了这些奇怪的网络词语而影响自己对对方讲话内容的理解。

（2）根据场合慎用网络语言。不能否认，网上交流已成为人们现代生活的一部分，网络语言因其生动、诙谐、幽默并极富表现力而存在于人们的网上交流活动中，甚至还跑出“网”来，成为日常口语与文学作品用语的一部分。这在崇尚个性化的时代已经不是什么新奇的事。对于网络语言，幼儿教师要注意根据语境适度把握，在生活中或网络的虚拟世界适当使用，而在幼儿园工作中则要杜绝使用未被最新版《现代汉语词典》收录的网络语言，以准确、规范的语言为幼儿做出表率。

作为未来的幼儿教师，要贯彻落实国家语言文字方面的政策法规，做语言文字规范化的宣传者、实施者，积极使用新版《现代汉语词典》中审定的新词语，自觉抵制未经通过审定的网络词语，讲普通话，写规范字。

（四）网络流行语体

网络流行语体是一种微博语体，它们都是在特定语境、特殊人群中流行的语体，是口头表达的结果以书面形式呈现的特殊语言存在。虽然它在正统的汉语语系中显得有些离经叛道，但它可以新颖地表情达意，承载了一定的语用功能。网络流行语体主要来源于影视作品、广告、文学作品、社会新闻事件、名人微博、社交网站或网络论坛等，其发展与传播大致都会经历触发与产生、复制与模仿、磨蚀与印记等三个阶段。

网络语体句子简短，句法灵活，语序富于变化，较少使用关联词语和语义、结构复杂的复句等，得以应用传播并且随着时代的发展层出不穷，令人应接不暇，如蓝精灵体、咆哮体、动车体、赵本山体、元芳体、甄嬛体、淘宝体等。下面以淘宝体为例，分析网络流行体的语法特点。

淘宝体是说话的一种方式，最初见于淘宝网卖家对商品的描述。后来因淘宝体亲切、可爱的交流方式逐渐在网上走红。

模板：“亲……包邮哦……记得好评哦……”

仿句：①“亲，祝贺你哦！你被我们学校录取了哦！”②“亲，9月2号报到哦！录取通知书明天‘发货’哦！”③“亲，全5分哦！给好评哦！”

网络流行语体作为一种语言现象，是在快节奏生活状态下为满足人们的心理需要而产生发展起来的。它具有新颖、幽默、风趣、时尚，简洁省事、人情味浓、个性色彩强等特点，正好满足了人们追求时尚、追求个性张扬的心理，作为幼儿教师，在工作之余的休闲消遣活动中使用未尝不可，但是工作中不能用网络语体，如果对幼儿说“亲，祝贺你答对了哦……大家别忘了给他好评哦”或者在组织幼儿讨论时对某个孩子问“元芳，这件事你怎么看”就会使幼儿莫名其妙，甚至造成错觉引起语言表述上的混乱。

成功的交谈需要交谈者双方合理地组织自己的语言，把握交谈的内容。美国著名心理学家罗西·萨尔诺夫指出：“交谈是双行道。”“没有回应的谈话是无效的谈话，说话艺术最重要的应用就是与人交谈。”

交谈的过程实质上是交际双方相互间的信息反馈过程，即双向沟通、信息共享、互相反馈。交谈的双方必须自始至终扮演说者与听者的角色。

作为说话者，要做到不使对方感到乏味和疲劳。其实，听人讲话也是一种劳动，也需要付出精力，所以讲话者要做到言辞幽默、精简；条理清晰、明白；语义通俗、易懂；表述连贯、通畅。作为听者要做到认真倾听，不随意打断别人的话，与说话者保持一定的目光交流，给予说话人应有的尊重。

【技能实训】

1. 家访模拟训练

根据以下材料，分小组模拟家访谈话，同学之间相互点评。

（1）向家长介绍幼儿在一日生活中的道德、行为、习惯、交友、语言发展等方面的表现。

（2）向家长宣传、讲解科学育儿的知识。

（3）征求家长对教师工作及幼儿园工作的意见。

2. 家长会模拟训练

根据下面的情境材料，准备一段家长会上的讲话，同学之间相互试讲，相互点评。

（1）小班幼儿入园后，第一次家长会上你作为教师讲一段话。

（2）大班幼儿就要离园进入小学阶段的学习了，以老师的身份在学期结束的最后一次家长会讲一段话。

（3）针对家长娇惯孩子的现象，设计一段家长会讲话。

3. 接待家长来访模拟训练

小明父亲来到幼儿园说，近日小明口吃愈来愈厉害，家人都十分着急，他希望能得到老师的帮助。根据小明父亲的请求，设计一段话，使家长消除顾虑，并介绍口吃早期矫正方面的知识。

4. 与上级部门沟通模拟训练

你所工作的幼儿园环境不太好，一是园外交通状况有些混乱，十字路口没有红绿灯；二是附近有菜市场，很嘈杂；三是周围的卫生不达标，垃圾成堆……针对这些问题，你将代表园方去社区反映情况，请求社区帮助解决这些问题。请据此设计一段沟通语言稿。

【任务拓展】

1. 根据材料提示，模拟一次思想交流谈话活动。

有一位女士，她不愿意将女儿送进幼儿园，女儿已经 5 岁了。她怕幼儿园老师不负责任，怕其他小朋友欺负自己的女儿，怕女儿舍不得离开自己，怕女儿在幼儿园吃不好，睡不好，玩不好，学不好……

可孩子的爸爸又觉得必须让女儿上幼儿园，于是，请你去给孩子妈妈做思想工作。

2. 搜集近段时间的网络流行语，与同学交流，说说它们所产生的背景及表达的含义，并分析这些流行语的利弊。

【活动评价】

结合本次任务完成全过程，对自己的学习进行客观评价。

评价指标	评价结果	备注
1. 了解幼儿教师与家长交际的基本形式	优秀□　良好□　一般□　合格□	
2. 知道幼儿教师与家长交际的一般技巧	优秀□　良好□　一般□　合格□	
3. 知道与相关部门交际时要注意的一般原则	优秀□　良好□　一般□　合格□	
4. 能正确对待网络语言，有辨别地选用网络语言	优秀□　良好□　一般□　合格□	
5. 能积极主动完成本次学习活动	优秀□　良好□　一般□　合格□	
综合评价：		

任务十四　交流中常见问题分析与纠正

幼儿教师口语是教师口语的分支。它既有一般教师口语的共性，又因教育对象的特殊性，具有独特鲜明的特征。因此，一般中小学教师常见的口语问题，幼儿教师都会有所表现。同时，还存在因教育对象、工作环境、性别因素等导致的属于幼儿教师所特有的口语问题。

幼儿教师是一个人一生中最早的正式启蒙老师，幼儿园的各种教育教学活动多以教师口传身授的形式完成，幼儿教师语言的规范、语音的准确不但直接影响着教育教学的效果，还可能会奠定幼儿一生语音面貌的基础。幼儿园一日活动的过程绝大多数是教师和幼儿口语交流的过程，在大量的言语活动中每个人都难免言多语失。本项目根据幼儿教师在语言交流中常见问题的各种表现，进行分类纠正和指导训练。

案例导入

家长会上，班主任梅老师在向家长介绍班上情况时说："请你们对自己孩子严格要求，有些孩子很不像话，就说亮亮吧，亮亮总要人给他喂饭，真是饭来张口，太懒了！再说乔乔吧，一个学期了，《静夜思》这么简单的诗都不会背，厌学嘛，没有爱学习的基因。那个李小伟呢，将微机教室的电脑弄坏了，也不知他是怎么弄的，简直就是个破坏者。还有，罗艳艳，最喜欢骂人了，骂小朋友，还骂老师……小小年纪，就成了'骂神'，骂人一套一套的！"……"老师，你不要乱说，艳艳在家从不骂人！"艳艳的妈妈终于忍无可忍地回击老师。"哼，在家不骂人，不等于在幼儿园不骂人啊！我还冤枉你女儿？"老师毫不留情地反击，"哈哈，橘生淮南则为橘，橘生淮北则为枳。"一位家长有些幸灾乐祸地打趣说。"有其师，必有其学生，她骂人，也是跟你学的，你不是喜欢骂他们吗！"艳艳的妈妈接过话头说。

梅老师在与家长的交流中，不看场合，不看对象，说话不留情面，家长会变成了"定罪会"，这使家长无法忍受，最终导致家长反击。在与家长的交锋中，梅老师忘记了自己教师的身份，与家长针尖对麦芒，最终不欢而散。

【知识储备】

在幼儿园教育教学中，教师每天都要和幼儿、家长、同事等进行交流沟通。在各种形式的沟通中，语言沟通对于幼儿教师来讲具有极为重要的意义。语言沟通具有双向性的特点，它是沟通双方一种信息的交换，或者是一种情感的交流，沟通的效果就取决于沟通双方的沟通能力。幼儿教师在双向交流中需要注意规避一些常见的问题，如语境不当、忽视交流对象、打断对方话题随意插话、假意倾听和"耳误"等。

一、语境不当

凡是语言的沟通都离不开具体的语境，这个语境或是语言交流时的社会大背景，或是具体交流时的时间场合、空间场合等，不论是哪一种语境都对语言沟通的内容和形式有制约作用。如果没有充分认识到语境的这种制约作用，那么谈话的内容和方式就可能会不适应当时的语境，换句话说，就是因为忽略了语境的因素，而使用了不恰当的交流内容或交流方式，因而往往出现语境不当。

例如，在一家医院的病房里，医务人员正在抢救一个危重病人。一位前来接班的医生指着病人向另一个病人问道："他还有戏没戏？"这句话被在场的病人家属听到，就不依不饶地责怪医生，"怎么，你们拿我们的性命当儿戏了？"因此，引起一场医患纠纷。"有戏没戏"本是一句随便使用的惯用语，但在抢救病人这种紧张严肃的场合使用，就会显得不合时宜，容易引发误会或争端。因为同样的话在不同的场合、时间及对象面前，其含义也大不一样。由此可见，如果交流沟通离开了当时的语境，说话人没有选择合适的交谈内容和交谈方式，无疑会闹出笑话或导致沟通失败。

在双向交流中要想克服语境不当，教师应做到以下几点：

1. 加强文化修养，学习社会知识

每个人与社会都有千丝万缕的联系，作为社会的一员，如果不具备基本的为人处世知识，是无法在社会立足的。这些处世知识都是和日常生活紧密相连的，诸如访友、寒暄、问候、拒绝、吊唁、介绍别人等，因此我们应该努力掌握这些知识。社会生活方面的知识包括的内容比较广泛，例如风土、人情、习俗、典故等，更需要潜心学习，并在实践中体会、感悟。

2. 合理选择时空场合

这里所说的时空场合是指语言沟通中的时间背景、特定的空间场合等。时空场合是决定交流效果的重要因素，因此为了达到交际目的，在沟通之前，我们应该认真思考一下，哪种场合对自己的语言沟通更为有利，要主动选择合适的场合，以避免不必要的麻烦。

3. 善于利用语境

俗话说"机不可失，失不再来"，如果在交流沟通中能够主动地利用语境，同样会达到预想的效果。有一次，马克·吐温与一位夫人对坐，他对她说："你真漂亮。"夫人高傲地回答："可惜我实在无法同样地赞美你。"马克·吐温毫不介意地笑笑说："夫人，只要像我一样说假话就行了。"马克·吐温回答风趣、机智，有反讽意味，利用弦外之音令对方哑口无言。

二、忽视交流对象

《孙子兵法》中云："知己知彼，百战不殆。"语言交流也是一样，不仅要"知己"，还要充分做到"知彼"。交流前，我们对交流对象的职业、文化水平、性格特点等都要有一个比较充分的了解，并根据掌握的情况选择恰当的交流方式。

在幼儿园的教育教学中，幼儿教师常常和幼儿、家长打交道，一旦忽视了交流对象，就会带来不必要的麻烦。

范例

有一位刚入园的幼儿，生活自理能力差。一天家长来接孩子，保育员当着其他家长的面对这位家长说：“你的孩子什么也不会，吃饭、大小便、穿衣服、脱衣服，都要人帮忙，他的能力这么差，你们家长也不注意培养，这样的孩子将来是成不了大器的！”家长听了这番数落，脸色由红变青，最后终于爆发了：“我孩子就是不会才来上幼儿园的嘛……”弄得双方关系很僵。

案例中，这位保育员因不注意家长爱面子的心理，直截了当地数落孩子的缺点，并以此判定孩子的未来，指责家长的过错，沟通自然会失败。一般来说，教师找家长谈话时，应该先肯定幼儿的长处，以表扬为主，取得家长信任后，再冷静客观地说出孩子存在的问题。

语言交流具有双向性的特点，不论是在公共场合，还是和别人随意交谈，说话人不能想什么就说什么，而要换位思考，从对方的角度考虑谈话内容和方式，注意创造和谐的交流氛围，以达到正常交流的目的。

幼儿教师在双向交流中应做到以下几点：

1. 尊重交流对象

在与幼儿的双向交流中，幼儿教师忽视交流对象的原因之一是并没有把幼儿放在平等交流的地位上。为了实现真正的沟通，教师应该本着尊重幼儿的原则，为幼儿提供一个和谐、宽松、民主、平等的沟通环境，把幼儿放在平等的交流地位上，怀着一颗爱心来和幼儿交流。

尊重交流对象还表现在当对方谈话的时候，做一个积极的倾听者，在听话的过程中表现出足够的耐心，不插话、不打断对方；当自己说话的时候要留心观察交流对象的表情、目光、动作、姿态等，以此来获取有价值的非语言信息，调整自己的交流方式，以期达到最佳效果。

2. 适应交流对象的文化程度

交流对象的文化层次对语言沟通效果有很大影响，因为文化层次的不同，人们对语言的识别能力和理解水平也会不一样，所以对文化层次不同的人，语言沟通的内容和形式也要有所不同。

例如幼儿教师问一个经常来接送孩子的老奶奶：“佳佳的双亲常出差吗？”老太太茫然，直到教师补充了一句：“我是问佳佳的爸爸妈妈……”老太太才恍然大悟，“双亲”就是“孩子的爸爸妈妈”。显然，后者更适于交际对象的文化程度，而前者的沟通效果则要差一些。

3. 学会换位思考，揣摩对方心理

人在不同的情况下会有不同的心态，而且有时候未必会从外部表现上明显看出，因此要学会察言观色，洞悉对方的心理，以便有效沟通。例如一个人做东请客，客人未到齐时他有些着急，就自言自语地说：“这该来的都没来！”在场的一个客人听到后认为自己是不该来的来了，就起身走了。主人又自言自语道：“这不该走的又走了。”于是，到场的客人全都走了。这尽管是个笑话，但告诫我们说话时要注意语境，因为在特殊的语境中，言者可能无心，但听者未必无意。

4. 了解沟通对象的年龄特征

沟通对象的年龄是语言沟通中不可忽视的重要因素，和不同年龄层次的人交流，一定要选择适合交谈对象的谈话内容和恰当的语言方式。如果忽略了交流对象的年龄，有时也会闹出笑话。

例如，一个上幼儿园的小朋友见妈妈挽留客人吃饭，也拖着客人的衣角不让走。客人问孩子："你用什么招待阿姨啊？" 小朋友瞪着眼睛，他听不懂什么叫"招待"。客人忙改口说："那你有什么好吃的给阿姨吃啊？" 小朋友听明白了，兴高采烈地说："有好多啊！巧克力、旺旺雪饼。"

幼儿的年龄特点决定了幼儿的语言接受能力和理解能力，因此在和幼儿交流的过程中，幼儿教师要充分考虑其年龄特征，使用恰当的话语和他们进行沟通，力求达到最佳的交流效果。

5. 了解交流对象的性格特点

俗话说："百人百性格。"对于不同性格的人也应采用不同的方式与之沟通。与性格憨厚的人交谈，要实实在在，不可旁敲侧击；与性格直爽的人交谈，要直言直语，不可拐弯抹角；与性格孤僻的人交谈，要循循善诱，不可急于求成。

幼儿教师在和不同个性的幼儿沟通时，也要根据幼儿的个性特点，注意选择恰当的词语、句式和语气语调等。

6. 关注交流对象的兴趣点

沟通交流是一种双向行为，因此交流时要善于寻找对方的兴趣点，寻找共同的话题，使交谈顺利进行下去，以达到交际的目的。

幼儿教师和幼儿的年龄差距比较大，因此，一定要走进幼儿的心灵中去，"以幼儿的眼睛去观察，以幼儿的耳朵去聆听，以幼儿的心灵去感受"，真正了解幼儿的兴趣，把话说到幼儿的心里去，以激发幼儿的倾听欲望和谈话兴致。

三、打断对方话题随意插话

在双向交流中，很多人不能够专心听别人说话，时常走神，表现得心不在焉，而且当对方谈兴正浓时，突然插嘴打断对方，从听话者变成说话者，显得很不礼貌。

要想避免此类情况的发生，教师应做到以下几点：

1. 尊重交流对象

对于幼儿教师来说，学会尊重交流对象是一种基本素养，也是实现成功沟通的前提。尤其当面对的沟通对象是幼儿时，更要放下教师的架子，专心聆听幼儿的谈话，不随意打断幼儿的说话。即使在幼儿口齿不清，或表达不十分流畅的时候，教师也要耐心听下去，鼓励幼儿把话说完，而不能越俎代庖，或随意打断幼儿的说话。

2. 控制自己的情绪

如果谈话者的内容刺激了你的情绪，或者是兴奋，或者是愤怒，这时你的内心就会有一种不可抑制的冲动，要去打断对方的谈话，要插进去争辩。你可能会心急如焚、欲罢不能，但这时一定要学会控制情绪。一个不能很好控制自己情绪的人，在交流中无法占据主动地位，甚至会因为自己的言语不当而让交流变得一塌糊涂。如果非常赞同对方的观点，可以通过语言反馈来鼓励对方，如："你说得太好了""你说得太有趣了""我也是这样想的"；如果发现对方说话内容与自己的意见相左，也不要马上反驳，实在不得已，可以用商量的口吻征询一声"请允许我打断一下""请等等，让我插一句"，暂时舒缓一下自己的情绪，但不能就此抢过话题，滔滔不绝。

3. 抱着求同存异的心来听

良好人际关系的建立需要努力寻找双方的"一致性"，所谓"一致性"是指双方无论在生理或心理上都能进入一个共同的"频道"，实现观点一致，思考方式一致，行为模式一致。但是，由于每个人的阅历不同，对事物的认识也不一样，观点的分歧也不可避免，这是正常现象，所以在交流中要抱着求同存异的心理，不把自己的观点强加于人，努力寻找他人和自己观点一致的信息，让自己比较专注地倾听下去。

四、假意倾听

从字面意义上来看，假意倾听就是别人在谈话的时候，假装在听，听者完全没有注意说话人所说的话。假装在听，其实是在考虑其他毫无关联的事情，或内心想着辩驳。这种人更感兴趣的不是听，而是说。这种形式的倾听，导致的是关系的破裂、冲突的出现和拙劣决策的制定。

如果听者在双向交流中，常常表现出假意倾听状态，就会让谈话者失去兴趣，自尊心受到伤害，从而阻碍有效信息的获取，导致沟通的失败。

纠正这类不良习惯，应做到以下几点：

1. 树立倾听的意识，充分认识倾听的重要性

有效的沟通始于真正的倾听。戴尔·卡耐基认为：在沟通的各项能力中，最重要的莫过于倾听的能力。而且"做个听众往往比做一个演讲者更重要""一张灵巧的耳朵胜过十张能说会道的嘴巴"。可见，学会倾听是沟通成功的关键。

社会学家兰金早就指出，在人们日常的语言交往活动（听、说、读、写）中，听的时间占45%，说的时间占30%，读的时间占16%，写的时间占9%。这说明，听在人们交往中居于非常重要的地位。古希腊圣贤说："自然赋予人类一张嘴，两只耳朵，也就是要我们多听少说。"

对于幼儿教师来说，只有学会倾听，才能打开幼儿心灵的窗户，引领他们走进知识的殿堂，让他们快乐地成长。

2. 掌握有效倾听的技巧

（1）精神专注。精神专注是要求听众把所有的注意力都集中在说话人的身上，心无旁骛，听别人讲话最忌"左耳朵进，右耳朵出"。倾听时专注的神情，不仅可以让对方感到你的尊重，更重要的是专注倾听他人谈话，可以准确捕捉对方发出的信息，领会对方谈话的意图。做到精神专注，首先要注意自身的姿势，一般来讲经常将身体倾向对方是表达专注的方式，但要注意前倾的程度，不

能太过。其次注意倾听时的表情，认真倾听他人谈话时的表情应该是面带微笑、真诚友好的，这样可以让谈话者感到轻松愉快。最后，注意保持目光交流，因为眼睛是心灵的窗户，是传递信息，尤其是心理活动信息最有效的器官。

（2）积极反馈。反馈使沟通成为一个双向的交互过程。在沟通中，双方都不断地把信息传递给对方，这种信息回返过程叫反馈。反馈可告知发送者，接受者所接受和理解信息的状态。倾听过程中的反馈可以是语言的反馈，也可以是非语言的反馈。

非语言的反馈是指在倾听的过程中运用眼神、表情等非语言传播手段来表示自己正在认真倾听。尽可能以柔和的目光注视着对方，并通过点头、微笑等方式及时对对方的谈话做出反应就是最好的反馈形式。

在听话的过程中，语言的反馈也不可少，可以不时地说“是的”“明白了”“继续说吧”“对”等话语来表示自己在认真倾听；或者适时地插入“您说得对”“是这样的”“真有意思”等话语，这样就会极大地鼓舞讲话者，使交谈愉快地进行下去；如果对对方谈到的内容比较感兴趣，可以先点点头，然后简单地表明自己的态度，最后再说“请接着说下去”“这件事你觉得怎么样？”“还有其他事吗？”等，这样会使对方谈兴更浓；如果对对方的谈话不感兴趣，也可以委婉地转换话题，比如“我想我们是不是可以谈一下关于……的问题”等。在通常情况下，我们可以通过复述来帮助我们理解和弄清对方的意思，简单的做法是：把谈话人刚刚讲过的话按照自己的理解，用自己的话再陈述一遍，比如你可以说：“我听下来，感觉你说的是……”或“所发生的事是……”或“你的意思是……”这样就不会曲解谈话者的意图。

（3）勤于思考。听话听音，要准确地理解对方谈话的意图和内涵，抓住对方说话的要点，并且要善于体察对方谈话的言外之意、弦外之音，注意说话者的语气、用词，理解潜藏在话语中不便说出的深意，从而提高双方沟通交流的质量和效率。

五、“耳误”

“耳误”是指在双向交流中，由于客观环境或交际双方某种主观因素影响而出现的误听。出现误听的原因很复杂，其表现形式也各有不同。

如日常生活中的误听，住宅区废旧回收人员喊：“收废品——收废品了——旧冰箱、旧电视、旧洗衣机、旧思想……”令人不解的是“废旧思想”也能卖钱？原来是误将“旧纸箱”听成“旧思想”。

电话交流中因交际双方的时空距离和缺乏体态语的协助导致误听的情况更是屡见不鲜。

尤其是当今现代通信工具的普遍使用，使发生在电话手机交流中的误听层出不穷，并由此产生误解，有时会造成严重的“误事”后果。避免“耳误”要注意以下几点：

（1）精神专注集中，不能一心二用，交流中没听清楚的问题不妨再次询问。

（2）选择适当的通话环境，接听电话的地点具有随机性，街道、商场、车站、公交车上等，这些地方声音嘈杂，不利于沟通，可以根据需要，主动要求另约时间再交流，比如说：“对不起，现在不方便说话，可否半个小时之后给您回电话？”

（3）说话注意节奏缓慢、语调适中、吐字清晰、语言简练，学会用重音、重复等方式突出交流内容里的关键词，如时间、地点、人名、号码数字等。

【技能实训】

1. 根据下列三种不同类型的家长，设计谈话内容，要求谈话要有针对性。

一位脾气暴躁的爸爸：____

一位溺爱孙子的奶奶：____

一位放任孩子的妈妈：____

2. 阅读下面的故事，结合你的经验，说说倾听的重要性。

小猫长大了。有一天，猫妈妈把小猫叫来，说：“你已经长大了，三天之后妈妈就不再喂你奶了，你要自己去找东西吃。”

小猫疑惑地问妈妈：“妈妈，那我该吃什么东西呢？”

猫妈妈说：“你要吃什么食物，妈妈一时也说不清楚，就用我们祖先留下的方法吧！这几天夜里，你躲在人们的屋顶上、梁柱间、陶罐边，仔细地倾听人们的谈话，他们自然会教你的！”

有一天晚上，小猫躲在梁柱间，听到一个大人对小孩说：“小宝，把鱼和牛奶放到冰箱里，小猫最爱吃鱼和牛奶了。”

第二天晚上，小猫躲在陶罐边，听见一个女人对男人说：“老公，帮我个忙，把香肠和腊肉挂到梁上，关好小鸡，别让小猫偷吃了。”

第三天晚上，小猫躲在屋顶上，从窗户看到一个妇人叨咕着自己的孩子：“奶酪、肉松、鱼吃剩了，也不收好，小猫的鼻子很灵，明天你就没得吃了。”就这样，小猫每天都很开心，他回家告诉妈妈：“妈妈，果然像你说的一样，只要我仔细听，人们每天都会教我该吃些什么。”

靠着倾听别人谈话，学习生活技能，小猫终于成为一只机智灵活、肌肉强健的大猫，他后来有了孩子，也是这样教导孩子的：“仔细地倾听别人的谈话，他们自然会教你的。”

3. 就某一个话题，同学两人一组，一人先说，一人倾听，谈话结束后，听者复述谈话人的主要观点，检测自己是否领会了说话人的主要意图。然后互换。

4. 从生活中找出 5 例双向交流中出现“耳误”的实例与同桌交流，认识“耳误”的严重后果并引以为戒。

【任务拓展】

做一期家访，至少家访 5 名幼儿的家长，向家长了解相关幼儿在家里的情况，同时，向家长介绍幼儿在幼儿园里的生活、学习情况，并与家长一道商讨引导幼儿养成良好习惯的措施。

【活动评价】

结合本次任务完成全过程，对自己的学习进行客观评价。

评价指标	评价结果	备注
1. 注意语境对交流的重要性	优秀□ 良好□ 一般□ 合格□	
2. 了解双向交流中如何尊重交流对象	优秀□ 良好□ 一般□ 合格□	
3. 知道交流中倾听的重要作用	优秀□ 良好□ 一般□ 合格□	
4. 了解克服“耳误”的一般方法	优秀□ 良好□ 一般□ 合格□	
5. 能积极主动完成本次学习活动	优秀□ 良好□ 一般□ 合格□	
综合评价：		

项目五

体态语言训练

体态语言是以说话人的身姿、手势、表情、眼神来传递信息，诉诸听话人视觉的一种无声语言，又称身体语言。体态语言主要以运用身体的各种动作代替语言来达到表情达意的沟通目的。教师是一项特殊职业，教师合理运用体态语言不仅能展现教师优雅的职业姿态，更能增强教育教学效果，有助于教育教学目标达成。本项目主要对体态语言包含的内容和训练技巧进行介绍，对教师教学中常见的错误进行剖析，引导幼儿教师塑造良好的身姿体态。

任务十五　体态语言技巧与训练

案例导入

俄罗斯商人巴卜耶夫是做国际贸易的，因为经常在各国奔波，对各国不同的手语都有一些了解。

有一次，公司与一个巴西商人谈下了一个利润非常丰厚的合作项目。就在签署合同当天，巴卜耶夫生病了，躺在医院里不能下床。于是，他决定让儿子巴卜耶维奇代替自己签约——这样也算是非常有诚意的做法。

只不过，巴卜耶夫有些担心，他对儿子说：“你既不了解两家公司谈判的内容，也听不懂巴西语，去了就像个傻子一样，虽然有翻译，但我还是怕你将事情搞砸，毕竟交流也是合作的一部分。”

巴卜耶维奇却笑着说：“你就放心吧，除了说话，我们还有其他交流方法啊。”巴卜耶夫很奇怪，问：“其他交流方法？到底是什么？”“现在不告诉你，等回来你看我的结果就知道了。”巴卜耶维奇故作神秘地走了。

至下午时分，巴卜耶维奇志得意满地回到医院，一看就是合同已经顺利签好了。巴卜耶夫更加好奇，问身边的人：“他都说了些什么？对方公司满意度如何？”身边的人说：“真是奇怪，巴卜耶维奇并没说太多，倒是不断在做一个手势，结果，巴西商人对巴卜耶维奇赞赏有加，还让翻译告诉他：‘你是个非常有教养的人，是个很好的倾听者’，真不可思议。”

“手势？”巴卜耶夫更迷糊了，追问是怎么回事。身边人接着说：“交谈的时候，巴西商人一直话很多，这是您知道的，巴卜耶维奇一直表现出听得很认真、感兴趣的样子，同时还会给予适当的回应。当对方说的开心时，他就伸出右手，然后握拳，将大拇指夹在食指、中指中间，用力晃动一下，巴西商人一看到这个手势，就高兴地合不拢嘴呢。”

“这是为什么呢？这不是侮辱人的意思吗？”巴卜耶夫一脸茫然，在自己国家，对人摆这个手势是要被揍的。一边的巴卜耶维奇却笑了，说：“可是，国家与国家之间的文化是有差别的。这个手势虽然在我们这里是侮辱的意思，但在巴西却是赞美、交好运的意思。我在他介绍自己国家、家庭的时候总不断这样夸赞他、祝福他，他当然高兴了，自然要说我有教养。”

【知识储备】

人体语言学的研究表明，在人与人之间的信息传播中，55% 的意义是用体态语言来传递的。体态语言就是用人的表情、动作或体态来交流思想、表达情感，又称态势语。它是利用表情、眼神、手势、身姿等非语言因素配合有声语言传递信息、表情达意的言语辅助形式，是口语交际中经常使用的辅助手段。根据不同情形运用适当的体态语言，可以起到强调、暗示、掩饰等作用，保证口语交际顺利而有效地进行。

一、体态语言的作用

一般口语交际和教师职业口语的运用中，体态语言具有不可忽视的作用。成功的口语交际和教育、教学活动，不仅得力于优秀的有声语言，也有赖于适度、得体的体态语言。体态语言的恰当使用可以完善表达的内容，使对方能更好地理解教学内容。同时，还可以接近彼此的心理距离，营造良好的交流氛围。

体态语言的作用可概括为以下三个方面：

第一，在口语交际过程中，说话人的身姿体态、举手投足、神情变化等始终伴随着其有声语言，传递着各种信息。通过动态的、直观的形象与有声语言协调统一，同时作用于交际对象的视觉和听觉，既能补充和强化有声语言的信息，也能使有声语言的表现力和感染力得到升华。

第二，如果说“言心为声”，体态语言则是无言的心声，即内化于心而外现于形，是交际双方心理状态和情感的自然流露或有意识的表现。人们可以通过体态语言表情达意，也可以通过体态语言观察、分析对方的内心世界，以便双方更好地沟通和交流。

第三，在口语交际过程中，体态语言所表达的情感信息往往具有暗示作用。说话者或听话者有意识地通过身姿、手势、表情、目光等手段传递信息，可以调动或影响交际对象的情绪，启发或引导对方的思路。通过调节体态语言辅助有声语言来有效控制口语交际活动，可以化不利、被动的局面为有利、主动的局面。

在一般口语交际活动中和教师职业口语的运用中，学习使用正确的体态语言，养成运用体态语言的好习惯，对加强人际交流、沟通，减少信息传递中的误差，丰富口语交际的内涵，以及保持良好的教师形象，都有着重要的作用。

二、体态语言的内容

体态语言包括身姿语、仪态语、手势语、目光语。其中，身姿语和仪态语是体态语言的整体态势，手势语和目光语是体态语言的局部态势。

（一）整体态势

1. 身姿语

身姿语包括站姿、坐姿、行姿，好的教师往往一出场就能给幼儿留下良好的第一印象。

站姿即站立的姿态。教师的站姿要端庄、稳健、挺直，身体不后仰歪斜或左摇右晃。站累了，可适当调整身体重心，将身体重心轮换放在一条腿上做稍息的站姿。教师在学生面前站立时切不可躬腰驼背，以免影响幼儿，使他们感到精神不振。

坐姿是双向性的会话式语境中听、说双方都常使用的基本身姿。坐姿往往能反映其心理状态：抬头仰身靠在座位上，反映了倨傲不恭的心理；上身略为前倾，头部侧向说话者，是洗耳恭听的态势；欠身或侧身坐在椅子的一角是谦恭或拘谨的反映，等等。由于教师职业的特殊性，保持端正得体的坐姿是其必须养成的好习惯。

行姿是指一个人行走时的姿态。教师的行姿也会给幼儿以深刻的印象。教师行走时步伐应稳健、轻捷，不宜慌慌张张、摇摇晃晃、拖拖沓沓。身体重心应均衡分布在两脚之间，也可根据表达的需要落在前脚上；与幼儿交谈时，上身可略微前倾，给幼儿以亲切和蔼的印象。行走时不宜上身后仰、左右摇晃、浑身抖动，这样会给人以轻率、傲慢或慌张的感觉。

2. 仪态语

仪态，主要包括一个人的相貌、衣着、发式、装饰等，同时还与人的风度即人的性格、气质、品质、文化修养等有着密切关系。“教师是学生的一面镜子”，幼儿教师的仪表是自身综合素质与个性情感的外在表现，是外表和内涵的统一，它对幼儿有较强的示范作用。日常教育教学中，幼儿教师的仪表要整洁大方、庄重典雅，给幼儿以朴素自然之美。过于花哨的打扮会分散幼儿的注意力，引起他们的视觉疲劳，影响教育教学效果，甚至使教学任务难以完成。所以教师不要过分追求衣着的华丽和装饰的新奇，穿着打扮应该符合年龄、性别、性格、气质、体态等特点，力求做到活泼而不失庄重、清新而不失淡雅、时尚而不张扬、简约而不奢华。总之，令幼儿感到既满意又容易接受的仪表，就是最得体、最优美的打扮。教师在风度上应尽量做到稳健、大方、优雅、亲切，既保持学者之风范，又不失师长之气质，给幼儿以值得信赖和令人崇敬的感觉。

（二）局部态势

1. 手势语

人们常说："手是人的第二张脸。"其实，手的动作是态势语的一个重要组成部分。手势语的意义非常丰富，我们把手势语大致分成四种：一是情意手势，二是指示手势，三是象形手势，四是象征手势。当说话者表达情感时，可使用情意手势；当要指明想说的人、事物、方向时可使用指示手势；当描摹、比划具体事物或人的形貌时，可使用象形手势；当表达抽象概念时，可使用象征手势。

幼儿教师在教学活动中要善于使用手势语，手势语是一种比较容易掌握的体态语。手势语的使用目的要明确，不能随意；可以根据不同的教学内容选择表示不同区域、不同指向、不同含义的手势。幼儿教师还要注意克服常见的不良手势，如：抓耳挠腮、指指点点等。

根据手的动作范围，一般将手势分为三个区域：上区为肩部以上，多表达积极、振奋、肯定、张扬等意义；中区为肩部到腰部，多表达坦诚、平静、和气等中性意义；下区为腰部以下，多表达憎恶、鄙视、压抑、否定等贬义。手势的方向，如：向上或向下、向前或向后、向内或向外以及手势的定型、不定型等，都表达不同的含义，应注意根据本民族共同理解的意义来选用，并适当体现个性特点。

教师在课堂教学中要"以手势助说话"，手势要目的鲜明，要针对不同教学对象、教学内容正确选用不同含义、不同区域、不同指向的手势；手势要根据表达需要选择不同的速度、频度、幅度、角度等。手势是口语交际中使用频率很高的非言语符号，行为心理学家发现手势具有极丰富的表意功能，它可以弥补交际语言的不足，起到增强沟通效果的作用。

2. 目光语

俗话说："眼睛是心灵的窗户。"在面部表情中，有一种语言具有神奇的力量，它能对幼儿的心理产生重大的影响，这种表情语就是目光语。幼儿教师应恰当运用各种眼神来表情达意。

幼儿教师要善于用丰富多变的眼神使口语表达更加生动传神。教师进行教育教学活动时要扩大目光视区，把全班幼儿都置于自己的视野之中。要善于用眼神组织课堂教学。如对听讲认真、思维活跃的幼儿投去赞许的目光，对思想开小差的幼儿投以制止的目光，对回答问题胆怯的幼儿投以鼓励的目光等。

教师的眼神忌黯淡无光；忌视线老盯着天花板、窗外或讲义，不敢正视幼儿；忌视角频繁更换，飘忽不定，给幼儿心不在焉的感觉。

三、体态语言技巧训练

（一）运用体态语言的基本要求

1. 得体

运用体态语言和口语配合，必须与表达者和交际对象双方的年龄、身份等因素相协调，与交际的目的和环境氛围相一致，符合社会约定俗成的原则。也就是说，体态语言的运用要得体贴切，给人的感觉应是应该用而且只能这样用。

2. 自然

体态语言是说话人内在素质和修养的体现，是在交际中的自然表现，是情感的自然外化。虽然有时为了交际的效果会特意设计一些姿态手势，但坚决反对那种装腔作势、矫揉造作或生搬硬套的体态语言，只有融入自己的情感，成为情感表达不可分割的一部分时，体态语言才会对口语交际产生积极影响，给人以美感。

3. 适度

体态语言的运用要适度。体态语言的运用并不是多多益善，既不可太少、太弱，这样引不起听众的注意，也不可太多、太滥、过分夸张，必须要恰到好处。特别是情绪激动时，要有节奏、节制，防止失态，弄巧成拙。

（二）体态语言训练

1. 眼神表情

眼睛是心灵的窗户，它会随时把交际者复杂微妙的心理变化反映出来，交际双方也要随时用眼睛交流感情，进而通过眼神交流控制和感染对方，为此，眼神训练颇为关键。不同的视线，可以表达不同的意义。例如正视、眼神自然，意味着庄重或诚恳，表明坦然自信，胸有成竹；眼神游移，表明底气不足，怯懦回避；眉毛上扬、目光炯炯，表明内心喜悦，志得意满；而眼睑下垂、眼神暗淡，表明惆怅失望，无可奈何；视线向上，往往表明自信或傲慢；视线向下，往往表明愧悔羞怯；环顾左右则往往意味着神情慌张，心绪不宁。

在口语交际中，人们总是根据对方的眼神评价其话语的重要性及可信度。眼神游移不定、随意闪动，便很难让对方重视和信任；多余的、不恰当的眼神，会引起人们的不快，甚至反感。因而，无论是在单向交流（如演讲、讲故事）还是双向交流（如交谈、论辩）时，都要做到既不能动不动地直视，也不能眼睛滴溜溜地乱动。在双向交流时，更要注意目光的真诚。

眼神重要，面部表情也很重要。面部表情也能传达出内心的情感，如：嗤之以鼻表示轻蔑、咬牙切齿表示痛恨、脸色阴沉表示不快等。面部表情要讲分寸，既要有真诚感，又要有艺术感。对大多数人来说，在平时的交际中做到表情自然适度，准确传情达意就可以了，只是一旦到了公众场合或处于中心位置时，有些人就会因心理紧张而导致面部肌肉僵硬，目光凝滞不能准确地传情达意了。为了克服这些问题，就需要多进行面部表情的训练，注意面部表情的自然和表意的鲜明，尤其要注意训练面部表情的基本形式——微笑。

2. 手势动作

手势也是体态语言的重要组成部分，它在体态语言中动作最显眼，表现最灵活。人们通过手势可以表达相当丰富的信息内容。例如握紧拳头的手势表示坚信、力量或愤怒；横着摆手表示否定；自上而下挥手表示肯定等。手势语从形式上看有三种：一是拳式动作，往往强调动机和决心；二是掌式动作，往往是动机和效果同时兼顾；三是指式动作，往往用来指明对象、方位等。

一般情况下，表达积极意义时，手掌向上、向前、向内；表达消极意义时，手掌向下、向后、向外。

双手手势相较于单手手势分量要重。

在口语表达中，手势配合要准确、自然、和谐，要符合表达者的思想、身份，符合交际语境的需要。切忌过于随便，画蛇添足，尤其在双向交流中，忌指手画脚，扰乱对方思绪，致使其产生焦躁情绪。

3. 体态身姿

体态身姿，通常包括坐、立、走等几种基本的身姿状态，它常常会在不经意之间自然而然地表露出一个人的内心情感。例如表现出一派倨傲的神态最常见的坐姿是仰靠椅背，昂头高视；心态平和的神态则是端坐平视，情态自然；谦逊的情态一般表现为上身前倾，面向听话者，加上征询的眼神；而对人鄙夷或悠闲自得的心理往往是跷起二郎腿，摇摇晃晃。

有人曾把理想的身姿概括为“站如松，坐如钟，走如风”。其实在生活中，只要站有站相，坐有坐姿，走有走态，符合年龄、身份，适应交际环境，做到端正、自然、大方就可以了。

身姿不仅能表现人物的内心活动、强化口语信息的表达效果，还可以反映出一个人的气质、风度和素养。正确的站姿是，两脚基本平行，相距与肩同宽。单向交流站在台上时，最好采取丁字步，两脚一前一后，相距适中。要站直站稳，抬头挺胸，精神饱满，切忌驼背、塌腰、凹胸。正确的坐姿是挺胸收腿，肩平，腰直，身正，呼吸均匀。正确的走姿是挺胸抬头，目光平视正前方，步态稳健从容，手臂自然前后摆动。

身姿、眼神和手势，在态势语中互相联系，是一个不可分割的整体。在分解训练中，必须注意整体配合。只有加强整体配合，才能显示态势语表情达意的整体效应，对提高口语表达的水平有着十分重要的意义。

4. 服饰风度

不同的职业、不同的年龄、不同的交际情境，人们要穿着不同的服饰。作为保育专业人员，如果园方没有统一要求，自由着装时一定要整洁大方，穿搭自然得体，不过分时髦和前卫。女士应化淡妆，以显示出良好的精神风貌，体现庄重感，一般不宜浓妆艳抹。因职业身份不同，过分时髦另类的穿着打扮在单向交流（如讲课）时容易分散听者对话语本身的注意力，从而影响交流效果；在双向交流时，也容易让对方产生自己没有受到重视的感觉，或太过随便之感。

【技能实训】

1. 体态语言训练

做游戏：你划我猜

游戏规则：两名同学为一组上讲台表演，用态势语表达规定动作行为，其他人猜出答案。

（1）左顾右盼	（2）郁郁寡欢	（3）皮笑肉不笑	（4）哈哈大笑
（5）冲过终点	（6）吃朝天椒	（7）吃苦瓜	（8）打篮球
（9）戴帽子	（10）看漫画	（11）吹空调	（12）忍俊不禁
（13）深恶痛绝	（14）生气	（15）挤眉弄眼	（16）昂首挺胸

2. 手势语训练

按照手势语提示进行朗诵表演。

0 的断想

0 是谦虚者的起点，（象征手势：可单手掌心向上，抬小臂，微伸，中区）

骄傲者的终点。（翻转手心，向下）

0 的负担最轻，（情意手势：抬臂至肩下）

但任务最重。（握拳，拳心向内）

0 是一面镜子，（指示手势：松拳）

让你认识自己。（掌心向内）

0 是一只救生圈，让弱者随波逐流；（情意手势：翻转掌心，向下；由内向外缓缓移动）

0 是一面敲响的战鼓，叫强者奋勇进取。（举起右手，带动小臂，向前向上抬；手与肩平。动作有力度）

3. 目光语训练

（1）你真棒！（赞许、鼓励的眼神）

（2）请你不要交头接耳。（比较严肃的眼神）

（3）加油，你一定可以做到。（激励的眼神）

（4）别害怕，老师陪你一起完成闯关任务。（鼓励的眼神）

（5）作业为什么不写！（生气的眼神）

【任务拓展】

以小组为单位，根据下列情景做出相关手势语，并在教师指导下反复训练：

1. 请同学们站起。
2. 请同学们坐下。
3. 请同学上讲台。
4. 请同学下讲台。
5. 强调板书内容。
6. 请全班同学站起。
7. 请大家安静。
8. 夸奖学生。
9. 模拟吃糖的味道。
10. 模拟照相的动作。

【活动评价】

请结合本次任务完成全过程，对自己的学习进行客观评价。

评价指标	评价结果	备注
1. 了解体态语的基本内容	优秀□　良好□　一般□　合格□	
2. 了解体态语对幼儿教师的作用	优秀□　良好□　一般□　合格□	
3. 了解幼儿教师运用体态语的基本原则	优秀□　良好□　一般□　合格□	
4. 能恰当运用体态语	优秀□　良好□　一般□　合格□	
5. 能积极主动完成本次学习活动	优秀□　良好□　一般□　合格□	
综合评价：		

任务十六　常见错误体态语言分析与纠正

案例导入

著名的教育家斯霞老师在给小学生讲解“颗颗稻粒多饱满”后，要求学生用“饱满”一词造句。学生只会用植物一类的词语进行练习，如：“麦粒长得饱满”“豆荚长得饱满”。

为了扩大学生的知识视野，斯老师忽然走到教室门口，然后转过身，胸脯略微挺了一挺，头稍微扬了扬，两眼炯炯有神地问道：“你们看，老师今天精神怎么样？”学生异口同声地说：“老师精神饱满！”

【知识储备】

美国著名心理学家艾帕尔·梅拉别斯说：“信息的总效应 =10% 的文字 +35% 的音调 +55% 的面部表情。”可见，教师所传授的信息能否为对方所接受，很大程度上须借助于体态语言。合适的体态语言往往能收到无声胜有声的效果，而不合时宜的体态语言往往让人觉得莫名其妙或无趣甚至尴尬。运用合适的体态语言是幼儿教师必修的基本功，了解常见的错误体态语言并自觉克服和纠正是对幼儿教师的基本要求。

一般的体态语言包括身姿语、手势语、仪态语和目光语。常见的错误体态语言可从这四个方面注意和克服。

一、身姿语

身姿语包括站姿、坐姿、走姿。

（一）不良站姿

站立姿势是教育、教学活动中最主要、最常用的一种体态，要求教师身姿稳健、挺直，令教学对象感到可信赖，有利于稳定其情绪，振作其精神。不良的站姿，要么显得姿态不雅，要么显得对人不够尊重。若不加以纠正，不仅会使教师形象受损，也会给幼儿起到不良的示范作用。不良站姿主要表现为如下五种情况。

1. 身躯歪斜

教师在站立时，若身躯出现明显的歪斜，如前倾、后仰、左倾、右倾，频繁地交换双脚重心，都会给人东倒西歪、重心不稳的感觉。还有偏头、斜肩、屈腿，不但看上去不美观，直接破坏人体的线条美，而且还会让人觉得不稳重，没有风度，甚至会给人颓废消沉、萎靡不振、自由放纵之感。

2. 弯腰驼背

这是一个人身躯歪斜时的一种特殊表现。除了腰部弯曲、背部弓起之外，还会同时伴有颈部弯缩、胸部凹陷、臀部撅起等不良姿态。凡此种种，都会给人以健康状况不佳、无精打采之感。

3. 趴伏倚靠

教学工作中，教师站立时，神情不能懒散，动作不能拖沓，双手不要撑桌，双肩不可耸起；也不可背侧对着幼儿，身体倚靠在桌椅上。

4. 脚位不当

不管是采取基本的站姿，还是变化的站姿，教师均应注意：在站立时，双腿拉开的幅度不要太大，两腿之间的距离不宜超过本人的双肩，双腿并拢最好。教师更不能为了图舒服，一只脚站立地上的同时，将另一只脚藏在后面或踩在凳椅上。如有的教师上身趴在桌上，还伴有双脚蹬墙的动作，这样既难看又有损教师形象。教师如果上课站累了，可将身体重心在双腿间轮换，作稍息的站姿，但不要把另一条腿伸得太远。

5. 体态晃动

站立时略做体位变动是允许的，但不宜在站立时频繁地变动体位，身躯扭来扭去，腿脚抖来抖去。教师在讲课或发言时，切忌上身后仰，重心落在后脚，左右摇晃，两脚打颤或轮流抖动，这会给人轻率、傲慢或紧张的感觉。

（二）不良坐姿

坐姿往往是不同人心态的自然流露。抬头仰身靠在座位上，反映了倨傲不恭的心理；上身略微前倾，头部侧向说话者，是洗耳恭听的态势；上身后仰并把脚放在面前的茶几或桌子上，是放纵失礼的表现；欠身或侧身坐在椅子的一角是谦恭或拘谨的反应；跷起二郎腿、不时晃动的坐姿表现了听话人心不在焉；频频变换坐姿，流露出听话人疲倦、不耐烦或想发表意见的心理。形成良好的坐姿应注意以下四点：

1. 入座的要求

入座又叫就座或落座，即人们坐到座位上去的行为。在大庭广众之下，一定要坐椅、凳等，坐在桌子、窗台、地板上是随便的、失礼的表现；就座时，要尽量轻声慢坐，不要发出声响，影响他人。

2. 离座的要求

起身离座时，最好动作轻缓，无声无息，尤其要避免“拖泥带水”，碰撞座椅，或将椅垫、椅罩弄掉；离开座椅后，先要采用“基本的站姿”，站定之后，方可离去，否则会显得过于匆忙。

3. 下肢的体位

在大庭广众落座时，教师要避免出现一些不良的坐姿，如双腿叉开过大、跷起二郎腿不时晃动、双腿直伸出去、将腿放上桌椅、腿部抖动摇晃、脚尖指向他人、以脚蹬踏它物、自脱鞋袜以手触摸脚部、双手抱在腿上、将手夹在腿间等。

4. 上身的体位

坐好之后，要注意头部、躯干与上肢的具体位置，做到躯干挺直，胸部挺起，腹部内收，腰背挺直；应避免出现仰头、低头、歪头、扭头等情况。

（三）不良走姿

不良走姿是指教师在组织教育、教学活动时的行走姿势，也包括日常生活中的行走姿势。常见的问题是：步幅过大过小，步频过慢过快等。一般说来，最佳的步幅应为本人的一脚之长；脚步移动的频率，还应当快慢适中。步幅过大、步频过慢，会显得拖拖沓沓、滑稽可笑；步幅过小、步频过快，会显得行色匆匆，不够从容稳健。

总之，一个教师要时时注意自己的举止言行，坐有坐相、站有站相、走有走姿，做到“坐如钟、站如松、行如风”。

二、手势语

在所有的体态语言中，教师对手势语的使用频率最高。幼儿园教师经常在教育、教学中借助手势语的配合达到教学目标。在使用手势语时应做到协调、恰当、自然。过于夸张则显得不真实，带有表演性；过于死板则显得拘谨、机械，缺少生气；手势语过多过乱则喧宾夺主，分散孩子的注意力。

幼儿教师在手势语运用时存在的一般问题有：①做抓耳挠腮、挖鼻孔、掏耳朵、摸头发等小动作；②手沾唾液翻书或讲稿；③撸胳膊挽袖子或用敲击发出的声响警示幼儿；④双手插在衣服口袋内；⑤双手抱在胸前；⑥双肘支于讲台上，用两手托住下巴；⑦长时间用双手撑着讲台；⑧对幼儿指指点点等。具体表现如下：

1. 背手

在幼儿园里，领导、教师背着手走动、巡视的情形很常见。据有关研究表明，背手可以作为一种权威显示。教师背着手，就显得威严，高高在上，盛气凌人。这样，会给幼儿造成心理上的压力，使幼儿产生害怕、不敢亲近的感觉。这种感觉延伸到师生关系上，就会影响教师和幼儿之间的交流和沟通，不利于形成教师与幼儿之间朋友式的平等、和谐的关系，不利于幼儿园教育、教学的开展。

2. 双臂交叉于胸前

双臂交叉能显示神气十足的精神状态，给人一种“目中无人”“唯我独尊”的感觉。在幼儿园里，成人绝对的身高优势已经给幼儿形成老师高高在上的心理压力，加上教师双臂交叉站在幼儿前面，他们唯一看到的是交叉的双臂，却看不见教师的眼神，不便于理解领会教师的意图，不利于建立融洽的师生关系。

3. 训斥性食指点戳

由于幼儿年龄小，他们的言行出现错误在所难免。有的教师在批评训斥时伴有用手指指点点、用教鞭敲击物体、拉扯幼儿等不良手势。甚至在生气时伸出食指恶狠狠地点戳幼儿的额头，这是一种极不尊重孩子的手势语，不仅容易使幼儿在内心对教师产生畏惧、逆反和愤恨，不敢尝试创造，怕犯错误，形成胆怯、软弱的个性；而且非常容易伤害幼儿脆弱的心灵和纯真的情感。

加里宁曾说：“教师仿佛每天都蹲在一面镜子里，外面有几百双精细的、富于敏感的、善于窥测教师优点和缺点的孩子的眼睛在不断地盯着你。”任何一个孩子都不会向一个后背着手、怒视自己、抱起双臂高高在上或训斥自己的人敞开心扉、吐露心声。

三、仪态语

仪态包括仪表和仪容两方面。仪表是指说话者的身材、容貌、穿戴等。这些虽然都是外在因素，但在某种程度上也反映着一个人内在的精神气质，体现出一个人的文化素养和审美观念。作为教师，仪态、服饰装扮要注意三点：一是庄重、整洁、典雅，能显示出教师丰富的精神世界和个人修养；二是符合教师的年龄、性别、性格、体态、脸型、肤色等方面的特点，力求做到协调、自然；三是体现职业特点，朴素大方，既不要过分花哨、新潮，也不要过于古板、随便。

幼儿教育的职业，要求教师在仪容上格外注意，首先应有良好的卫生习惯，面要净，不可浓妆艳抹；发要理，不可过于夸张招摇；也不用穿金戴银、首饰繁杂，以免造成意外事故。良好的仪容能反映出教师的个人风采，展示教师的社会职业形象，从而培养孩子正确、健康的审美情趣。整洁的面容，端庄的外貌，优雅的姿态，会使孩子产生愉悦感和安全感。

幼儿教师多数是年轻的女性，喜欢追求时尚，有的人在穿着打扮上不愿受教师职业的约束，因此偶尔会带来仪态语方面的一些问题。譬如有些年轻教师穿奇装异服显得不伦不类。有的女教师不顾自己的体型、脸型、肤色，也跟着潮流穿体型裤或超短裙，使臃肿的体态暴露无遗，更有甚者，有的女教师下身穿米色紧身体型裤，看上去十分不雅；有的上身穿得薄、露、透，过于性感；还有的戴着大耳环、浓妆艳抹，显得很低俗等。

四、目光语

目光语主要是指人的眼神，这里也包括人的面部表情。面部表情是最丰富、最能传情达意的体态语言。心理学家艾尔特·麦拉比恩在一系列实验研究的基础上证实：有 55% 的信息是通过面部表情来进行交流的。许多学者发现儿童的特点是首先把注意集中在人的面部。面部表情反映着一个人的精神面貌，幼儿教师的面部表情应该是亲切、真诚、和蔼的，能给孩子温暖踏实可信赖的感觉。幼儿教师的表情应做到严肃时不冷漠，热情时不放纵。

在面部表情中，目光语最富有表现力，是教师“心灵的窗口”，孩子既能从教师的眼神中读到赞许、信任、鼓励和肯定等积极情感，也能读到否定、怀疑、嘲讽、轻蔑等消极情感。

一般情况下，幼儿教师在眼神运用方面容易出现以下两个方面问题：

讲解说话时眼神黯淡无光、无精打采；眼睛上翻盯着天花板，令前排的幼儿遭白眼；长时间看着窗外或教案，不正视幼儿；手势语与目光语不同步；视角频繁更换，目光飘忽不定，给人心不在焉的感觉。

与人交流时只顾自己，冷落对话者和听话者，使之产生被忽视、被冷落的感觉。有时候长时间盯住某个幼儿或某个方向，使人感到不自在，造成心理压力和紧张感；眼球滴溜溜乱转或眼动头不动；边想边说时频繁眨眼或闭目思索；表情过于丰富夸张、挤眉弄眼等。

在教学对象面前，教师目光要分配合理，通过丰富恰当的目光语进行互动交流，要把目光的中心放在人群中间略前的位置，并经常兼顾其他，以便随时调控，让教师的目光语成为活动现场氛围和学生情绪变化的“控制中枢”。

【技能实训】

1. 身姿语训练

站姿训练：

（1）抬头、挺胸、收腹

（2）气息下沉，精神饱满

（3）双肩放松

（4）两腿站直

（5）双手自然摆放

（6）上半身略微前倾

坐姿训练：

（1）双脚自然下垂

（2）抬头挺胸

（3）脸部朝向说话者

（4）女士两膝并拢

（5）男士两膝分开，不超过肩宽

（6）讲究力度，不可猛坐

（7）坐凳子的三分之二处

行姿训练：

（1）抬头挺胸，面带微笑

（2）步履稳健而轻捷

（3）不慌张、摇晃

（4）不扭肢摆臀

2. 组织一场以“普通话改变生活”为主题的演讲比赛，学生观察参赛者在比赛中的态势语，并评价其态势语言的运用情况。

3. 为学校拍摄一组“我为学校代言”的宣传片，并在宣传片中展现出相关仪容、眼神、姿态、动作方面的态势语。

【任务拓展】

小组探究：

1. 有的教师喜欢在上课时手叉着腰或者把双手背在身后讲课。有人认为这是教师的个性表现，学生慢慢就习惯了，有的认为这是教师老成持重的表现，有的认为这是很不雅的体态……

针对上述现象，同学们讨论一下，谈谈自己的见解，并说说教师上课应有怎样的姿态？

2. 在一次数学课上，正在讲解的教师看见一个学生伏在桌子上睡觉。这位教师心中很不高兴，直接用手指指名道姓地叫学生的名字并请他站起来，但这位学生根本没反应。教师怒火中烧，快步走到学生面前并在桌子上猛拍一下，学生吓得一下子惊醒过来，略带惊恐而又不知所措的表情，呆望着怒目圆睁的教师，惹得全班同学哄堂大笑。

请分析并评论这位教师对体态语言的使用存在哪些不得体的地方？假如是你，该如何处理？

【活动评价】

请结合本次任务完成全过程，对自己的学习进行客观评价。

评价指标	评价结果	备注
1. 对体态语言内容基本了解	优秀□　良好□　一般□　合格□	
2. 对常见错误体态语言有基本了解	优秀□　良好□　一般□　合格□	
3. 能自然合理地运用体态语言	优秀□　良好□　一般□　合格□	
4. 能积极主动完成本次学习活动	优秀□　良好□　一般□　合格□	
综合评价：		

附一　普通话 3500 常用字表

1. 本表收入的是 1988 年国家颁布的 2500 个常用字和 1000 个次常用字。

2. 单斜线“ / ”前是常用字，单斜线“/”后是次常用字，双斜线“//”后是超出 3500 个常用字之外的字，包括两类：一类是在“读单音节字词”或“读多音节词语”试题中出现过的；另一类是在“60 篇朗读短文”中出现过的，常常容易错读的字。

3. 有异读音的异读词或多音字，其后边括号内是几个读音的例词；后面注明（统读）的字是常用的而且容易错读的统读音异读词。

4. 黑体字为常用入声字。

a

ā　阿（阿姨）　啊 / 腌

á　啊

ǎ　啊

à　啊

a　啊

āi　哀 挨（挨近，挨个儿）　唉 / 哎 埃

ái　挨 / 皑 癌（统读）

ǎi　矮 / 蔼

ài　唉 爱 碍 / 艾（方兴未艾）　隘

ān　安 / 氨 庵 鞍

ǎn　/ 俺

àn　岸 按 案 暗 // 黯

āng　/ 肮

áng　昂

āo　/ 凹 熬（熬肉；熬 áo 夜）

ǎo　/ 袄

ào　傲 奥 / 拗（拗口；执拗 niù）　澳 懊

b

bā　八 巴 扒（扒开；扒 pá 手）　吧 疤 / 叭 芭 捌 笆

bá　拔（统读）/ 跋

bǎ　把（把握；刀把 bàr 儿）/ 靶

bà　坝 把 爸 罢（罢休，ba 语助词） 霸 / 耙（耙地，耙 pá 子）

ba　吧

bāi　/ 掰

bái　白（统读）

bǎi　百（百货；百 bó 色） 伯 柏（柏树；柏 bó 林） 摆

bài　败 拜

bān　班 般 斑 搬 / 扳 颁

bǎn　板 版

bàn　办 半 扮 伴 拌 瓣 / 绊

bāng　帮 / 邦

bǎng　绑 榜 膀（肩膀；膀 pāng 肿；膀 páng 胱）

bàng　棒 傍 / 蚌（河蚌；蚌 bèng 埠） 谤 磅

bāo　包 胞（统读） 炮（炮羊肉；炮 páo 制；大炮 pào） 剥（剥皮；剥 bō 削）/ 苞 褒

báo　雹 薄（薄饼；薄 bó 弱）

bǎo　饱 宝 保 堡（堡垒；瓦窑堡 bǔ；十里堡 pù）

bào　报 抱 暴（暴动；一暴 pù 十寒） 爆 / 刨（刨床；刨 páo 土） 豹

bēi　杯 背（背 bēi 包袱；背 bèi 脊） 悲 碑 / 卑

běi　北

bèi　贝 备 背 倍 被 辈 / 狈 焙 // 钡

bei　臂

bēn　奔（奔跑；投奔 bèn）

běn　本 // 苯

bèn　奔 笨

bēng　/ 崩 绷（绷带；绷 běng 脸；绷 bèng 开）

běng　/ 绷

bèng　蹦 / 泵 蚌 绷

bī　逼

bí　鼻 / 荸

bǐ　比 彼 笔 鄙 / 匕 秕

bì　币 必 毕 闭 毙 秘（秘鲁；秘 mì 密） 辟（复辟；开辟 pì） 蔽 弊 壁 臂（臂膀；胳臂 bei） 避 / 庇（统读） 蓖 痹（统读）璧 // 碧

biān　边 编 鞭 / 蝙（统读）

biǎn　扁（扁担；扁 piān 舟）/ 贬 匾

biàn 变 便（方便；便 pián 宜） 遍（统读） 辨 辩 辫

biāo 标 / 彪 膘

biǎo 表

biē / 憋 瘪 鳖

bié 别（分别；别 biè 扭）

biě 瘪（干瘪；瘪 biē 三）

biè 别

bīn 宾 滨 / 彬 缤（统读） 濒（统读）

bìn 鬓

bīng 冰 兵

bǐng 丙 柄 饼 / 秉 屏（屏除；屏 píng 障） 禀

bìng 并（合并；bīng 太原市别称） 病

bō 拨 波（统读） 玻 剥 菠 播 // 钵

bó 伯（伯父；大伯 bǎi 子） 驳 泊（停泊；湖泊 pō） 柏 脖 博 搏 膊 薄（薄弱；薄 báo 纸；薄 bò 荷）/ 勃 舶 渤 // 帛 铂

bǒ 跛 簸（簸谷；簸 bò 箕）

bò 薄 / 簸

bo 卜（萝卜；占卜 bǔ） 膊

bǔ 卜 补 捕（统读） 堡 / 哺（统读）

bù 不 布 步 怖 部 / 埠（统读） 簿

C

cā 擦

cāi 猜

cái 才 材 财 裁

cǎi 采（采用；采 cài 地） 彩 睬 踩

cài 菜 // 蔡

cān 参（参加；人参 shēn；参 cēn 差） 餐

cán 残 蚕 惭

cǎn 惨

càn 灿

cāng 仓 苍 舱 / 沧

cáng 藏（埋藏；宝藏 zàng）

cāo 操 / 糙（统读）

cáo 槽 / 曹

cǎo 草

cè 册 厕 侧（侧面；侧 zhāi 歪；平侧 zè，同“仄”） 测 策

céng 层 曾（曾经；姓曾 zēng）

cèng / 蹭

chā 叉（叉子；叉 chá 位；叉 chǎ 腿） 差（差别；差 chà 不多；出差 chāi；参差 cī） 插 / 杈 喳

chá 叉 茶 查（检查；姓查 zhā） 察 / 茬 碴

chǎ 叉 / 衩

chà 叉 岔 差 / 杈 刹 衩

chāi 拆（拆开；拆 cā 烂污） 差

chái 柴 / 豺

chān / 掺 搀

chán 单（单于；单 dān 独；姓单 shàn） 馋 缠 / 蝉

chǎn 产 铲 / 阐（统读）

chàn 颤（颤动；颤 zhàn 栗）

chāng 昌 / 猖

cháng 长（长短；生长 zhǎng） 场（场院；场 chǎng 合） 肠 尝 常 偿

chǎng 厂 场 敞

chàng 畅 倡 唱

chāo 抄 吵 钞 超 / 绰 剿（剿说，剿 jiǎo 灭）

cháo 朝（朝前；朝 zhāo 阳） 潮 / 巢（统读） 嘲（嘲笑；嘲 zhao 哳 zhā）

chǎo 吵（争吵；吵吵 chāo） 炒

chē 车（火车；车 jū 马炮）

chě 扯

chè 彻 撤 / 澈

chēn // 抻

chén 臣 尘 辰 沉 陈 晨 / 忱

chèn 衬 称（称心；名称 chēng） 趁

chēng 称 撑

chéng 成 呈 诚 承 城 乘（乘车；千乘 shèng 之国） 盛 程 惩（统读）/ 澄（澄清事实；水澄 dèng 清） 橙

chěng 逞（逞能）

chèng 秤

chī 吃 / 嗤 痴

chí 池 驰 迟 持 匙 / 弛 // 踟

chǐ 尺 齿 耻 / 侈（统读）

chì 斥 赤 翅 // 炽

chōng 充 冲（冲刷；冲 chòng 床）// 舂 憧

chóng 虫 种（姓；种 zhǒng 子；种 zhòng 地）重 崇

chǒng / 宠

chòng 冲（冲劲儿；冲 chōng 锋）

chōu 抽

chóu 仇（仇敌，姓仇 qiú） 绸 酬 稠 愁 筹 / 畴

chǒu 丑

chòu 臭（臭气；乳臭 xiù）

chū 出 初

chú 除 厨 锄 / 雏 橱 // 蹰

chǔ 处（处理；处 chù 所） 础 储 楚

chù 处 畜 触 / 矗

chuāi / 揣（揣在怀里；揣 chuǎi 摩；挣揣 chuài）

chuǎi / 揣

chuài / 揣 踹

chuān 川 穿

chuán 传（宣传；传 zhuàn 记） 船

chuǎn 喘

chuàn 串

chuāng 创 疮 窗

chuáng 床 / 幢（影幢；一幢 zhuàng）

chuǎng 闯

chuàng 创（创造；创 chuāng 伤）

chuī 吹 炊

chuí 垂 / 锤 捶

chūn 春 / 椿

chún 纯 唇 / 淳 醇

chǔn 蠢

chuō /戳

chuò /绰（宽绰；绰 chāo 起棍子）

cī 差//疵

cí 词 辞 慈 磁/祠 瓷 雌

cǐ 此

cì 次 刺/伺 赐

cōng 匆 葱 聪/囱

cóng 从 丛//淙

còu 凑

cū 粗

cù 促 醋/簇

cuān 蹿

cuán /攒

cuàn 窜/篡

cuī 催 摧/崔

cuì 脆 翠/悴 粹//啐

cūn 村

cún 存

cùn 寸

cuō /搓 撮（撮合；一撮 zuǒ 儿毛）

cuò 错/挫 措 锉

d

dā 搭 答（答应；答 dá 复）

dá 打 达 答/瘩

dǎ 打（打击；一打 dá）

dà 大（大小；大 dài 夫）

da /瘩（疙瘩；瘩 dá 背）

dāi 呆（统读）

dǎi 逮/歹

dài 大 代 带 袋 贷 待（等待；待 dāi 一会儿） 怠 逮（逮捕；逮 dǎi 老鼠） 戴

dān 丹 担（担水；担 dàn 子） 单 耽

dǎn　胆 / 掸

dàn　石（一石米；石头 shí）旦 但 担 诞 淡 弹（子弹；弹 tán 性）蛋 / 氮

dāng　当（应当；妥当 dàng）/ 铛 裆

dǎng　挡 党

dàng　当 荡 档（统读）

dāo　刀 叨

dáo　叨

dǎo　导（统读）岛 倒（倒下；倒 dào 退）蹈 / 捣 祷

dào　到 倒 盗 悼（统读）道 稻

dé　得 德

de　地 的（我的；的 dí 确；目的 dì）得

děi　得（可得注意；得 dé 到；好得 de 很）

dēng　灯 登 / 蹬

děng　等

dèng　凳 / 邓 澄 瞪 蹬

dī　低 堤（统读）提 滴 / 嘀

dí　的 敌 笛 / 涤 嘀 嫡 // 迪

dǐ　抵 底

dì　地（土地；慢慢地 de 走）弟 的 帝 递 第 / 蒂（统读）缔

diān　颠 / 掂 // 滇 巅

diǎn　典 点 / 碘

diàn　电 店 垫 殿 / 佃（佃户；佃 tián 作）甸 玷 淀 惦 奠

diāo　叼 雕 / 刁 碉 // 貂

diào　吊 钓 调 掉

diē　爹 跌（统读）

dié　叠 蝶 / 碟 谍 // 迭

dīng　丁 叮 盯 钉（钉子；钉 dìng 扣子）

dǐng　顶 / 鼎

dìng　订 钉 定 / 锭

diū　丢

dōng　东 冬

dǒng　董 懂

dòng　动 冻 栋 洞

dōu 都（都行；首都 dū）/ 兜

dǒu 斗（一斗米；斗 dòu 争） 抖 陡 / 蚪

dòu 斗 豆 逗 / 痘

dū 都 督

dú 毒 独 读（读书；句读 dòu）/ 犊 // 椟

dǔ 肚 堵 赌 / 睹 // 笃

dù 杜 肚（肚子；羊肚 dǔ 儿） 度（程度；忖度 duó） 渡 / 妒 镀

duān 端

duǎn 短

duàn 段 断 缎 锻

duī 堆

duì 队 对 / 兑

dūn 吨 蹲 / 敦 墩

dǔn / 盹

dùn 盾 顿 / 囤（粮囤；囤 tún 积） 钝 // 炖

duō 多 / 哆

duó 夺 度 / 踱（统读）

duǒ 朵 躲 / 垛（门垛子；麦垛 duò）

duò 惰 / 驮 垛 舵 堕 跺

e

ē 阿 // 婀

é 鹅 蛾 额 / 讹 俄

ě 恶（恶心；可恶 wù；凶恶 è）

è 恶 饿 / 扼 遏 愕 噩 鳄 // 腭 鹗

ēn 恩

ér 儿 而

ěr 耳 / 尔 饵

èr 二 / 贰

f

fā 发

fá 乏 伐 罚 阀 / 筏

fǎ　法

fà　发（理发；发 fā 生）

fān　帆（统读）　番（几番；番 pān 禺）　翻

fán　凡　烦　繁 / 矾　樊

fǎn　反　返

fàn　犯　饭　泛　范　贩　梵

fāng　方　坊（街坊；作坊 fáng）　芳

fáng　防　坊　妨　房 / 肪

fǎng　仿　访　纺

fàng　放

fēi　飞　非 / 菲（芳菲；菲 fěi 薄）　啡 // 妃

féi　肥

fěi　匪 / 诽　菲 // 翡

fèi　肺　废　沸（统读）　费 / 吠

fēn　分（分开；成分 fèn）　吩　纷　芬 / 氛 // 酚

fén　坟 / 焚　汾

fěn　粉

fèn　分　份　奋　粪　愤 / 忿

fēng　丰　风　封　疯　峰　锋　蜂 / 枫

féng　逢　缝 / 冯（姓冯；píng 同“凭”）

fěng　讽

fèng　凤　奉　缝（缝隙；缝 féng 纫）

fó　佛（佛教；仿佛 fú）

fǒu　否（否认；否 pǐ 极泰来）

fū　夫（丈夫；fú 文言虚词）　肤 / 麸　孵　敷

fú　伏　扶　佛　服（服从；一服 fù 药）　俘　浮　符　幅（统读）　福　凫　芙　拂（统读）　袱　辐（统读）　蝠 // 弗　氟

fǔ　抚　斧　府　俯　辅　腐 / 甫（统读）　脯（肉脯；胸脯 pú）

fù　父（父亲；田父 fǔ）　付　负　妇　附　咐　服　赴　复（统读）　副　傅　富　腹　覆 / 赋　缚 / 赋　缚（统读）

g

gā　夹（夹肢窝；夹 jiā 杂；夹 jiá 袄）/ 咖（咖喱；咖 kā 啡）

gà //尬

gāi 该

gǎi 改

gài 盖（盖子；姓盖 gě） 溉 概 / 丐 芥（芥菜；草芥 jiè） 钙

gān 干（干燥；干 gàn 活） 甘 杆（旗杆；笔杆 gǎn 儿） 肝 竿 / 柑 // 尴

gǎn 杆 秆 赶 敢 感 / 橄

gàn 干 // 赣

gāng 冈（统读） 扛（扛鼎；扛 káng 枪） 刚 纲 钢 缸 / 肛

gǎng 岗 港

gàng 杠 钢

gāo 高 膏 糕 / 羔 篙

gǎo 搞 稿 / 镐（镐头；镐 hào 京）

gào 告 膏（膏油；牙膏 gāo）

gē 哥 胳 鸽 搁（耽搁：搁 gé 不住） 割 歌 / 戈 疙

gé 革（革命；病革 jí） 阁 搁 格 葛 隔（统读）/ 蛤 // 骼

gě 合 葛（姓葛；葛 gé 藤）

gè 个（个体；自个 gě 儿） 各（各种；这人真各 gě）

gěi 给（送给；供给 jǐ，补给）

gēn 根 跟

gēng 更 耕 / 羹 // 庚

gèng 更（更加；更 gēng 改）

gěng 颈 / 埂 耿 梗

gōng 工 弓 公 功 攻 供 宫 恭 躬 / 蚣 // 龚

gǒng 巩 / 汞 拱

gòng 共 汞 供（供认；供 gōng 给）

gōu 勾（勾结；勾 gòu 当） 沟 钩

gǒu 狗 / 苟

gòu 勾 构 购 够 / 垢

gū 估（估计；估 gù 衣） 孤 姑 骨 辜 / 咕 沽 菇 箍

gǔ 古 谷 股 骨（骨头；骨 gū 碌） 鼓 / 贾

gù 估 固 故 顾 / 雇 // 锢

guā 瓜 刮

guǎ / 寡

guà 挂 / 卦 褂

guāi 乖

guǎi 拐

guài 怪

guān 关 观（观看；寺观 guàn） 官 冠 / 棺

guǎn 馆 管

guàn 观 贯 冠（冠军；衣冠 guān） 惯 灌 罐

guāng 光

guǎng 广 // 犷

guàng / 逛

guī 归 龟（乌龟；龟 jūn 裂；龟 qiū 兹） 规 / 闺 硅 瑰

guǐ 轨 鬼 / 诡

guì 柜 贵 桂 跪 / 刽（统读）

gǔn 滚

gùn 棍

guō 过 锅 / 郭 涡

guó 国 // 蝈 蝈

guǒ 果 裹

guò 过（过去；姓过 guō）

h

hā 哈（哈哈；哈 hǎ 达；哈 hà 什蚂）

há / 蛤

hǎ 哈

hà 哈

hāi 咳（咳声叹气；咳 ké 嗽）

hái 还（还要；还 huán 原） 孩

hǎi 海

hài 害 / 亥 骇 // 氦

hān / 酣 憨 // 鼾

hán 汗（可汗；出汗 hàn） 含 寒 / 函 涵 韩

hǎn 喊 / 罕

hàn 汉 汗 旱 / 悍 悍 焊 撼 翰 憾

hāng　/夯

háng　行 航/吭 杭

hàng　巷（巷道；小巷 xiàng）

hāo　/篙

háo　号 毫 豪/壕 嚎

hǎo　好（好人；爱 hào 好）

hào　号（记号；háo 呼号） 好 耗 浩/镐

hē　喝（喝水；喝 hè 采）/呵

hé　禾 合（合作；gě 一升的十分之一） 何 和（和平；附和 hè；和 huó 面；和 huò 药；和 hú 了；温和 huo） 河 荷 核（核心；核 hú 儿） 盒//颌

hè　吓 和 贺 荷（负荷；荷 hé 花） 喝/赫 褐（统读） 鹤（统读）//壑

hēi　黑/嘿（嘿嘿；mò 同“默”）

hén　痕

hěn　很 狠

hèn　恨

hēng　/哼

héng　恒 横（横竖；蛮横 hèng） 衡

hèng　横

hōng　轰 哄（哄动；哄 hǒng 骗；起哄 hòng） 烘//訇

hóng　红（红色；女红 gōng） 宏 虹（彩虹；出虹 jiàng 了） 洪/鸿

hǒng　哄

hòng　哄//讧

hóu　喉 猴/侯（封侯；闽侯 hòu）

hǒu　吼

hòu　后 厚 候/侯

hū　乎 戏 呼 忽 糊//惚

hú　狐 胡 壶 核 湖 蝴 糊/弧 葫//囫

hǔ　虎/唬

hù　互 户 护 糊/沪

huā　花 哗（哗哗；哗 huá 众取宠）

huá　划（划船；划 huà 分） 华（中华；姓华 huà） 哗 猾 滑

huà　化 划 华 画 话/桦（统读）

huái　怀 槐/徊 淮//踝

huài　坏

huān　欢

huán　还 环

huǎn　缓

huàn　幻 换 唤 患 / 宦 涣 焕 痪 // 浣

huāng　荒 慌

huáng　皇 黄 煌 / 凰 惶 蝗 磺 // 簧

huǎng　晃 谎 / 恍 幌

huàng　晃（摇晃；晃 huǎng 眼）

huī　灰 挥 恢 辉 / 徽

huí　回 / 茴 蛔

huǐ　悔 毁

huì　汇 会（开会；会 kuài 计） 绘 贿 惠 彗 讳 诲 晦 / 秽 溃

hūn　昏 婚 / 荤

hún　浑 混（混蛋；混 hùn 合） 魂

hùn　混

huo　和

huō　豁（豁口；豁 huò 达）

huó　和 活

huǒ　火 伙

huò　或 和 货 获 祸 惑 / 霍 豁

j

jī　几 击 饥 圾（统读） 机 肌 鸡 奇（奇数；奇 qí 怪） 积 基 激 / 讥 叽 唧 畸 箕 稽（滑稽；稽 qǐ 首）// 羁 姬

jí　及 吉 级 极 即 急 疾（统读） 集 籍 / 棘（统读） 辑 嫉 // 汲 藉 瘠

jǐ　几（几个；茶几 jī） 己 纪 挤 济（济南；救济 jì） 给 脊（统读）

jì　计 记 纪（纪念; 姓纪 jǐ） 技 系 忌 际 季 剂 迹（统读） 济 既 继 寄 绩（统读）/ 妓 荠（荠菜；荸荠 qí） 祭 寂 鲫 冀 // 髻

ji　/ 箕

jiā　加 夹 茄（雪茄；茄 qié 子） 佳 家 嘉 / 枷 // 浃

jiá　夹 / 荚 颊

jiǎ　甲 假（假造；假 jià 期）/ 贾（姓贾；商贾 gǔ） 钾

jià 价 驾 架 假 嫁 稼

jiān 尖 奸 歼（统读） 坚 间（中间；离间 jiàn） 肩 艰 监（监督；监 jiàn 利） 兼 渐（东渐入海；逐渐 jiàn） 煎

jiǎn 拣 茧 俭 捡 检 剪 减 简 / 柬 碱

jiàn 见（见面；xiàn 同“现”） 件 间 建 荐 贱 剑 监 健 舰 渐 践 鉴 键 箭 / 涧 溅（溅出；jiān 同“浅”）// 涧 谏

jiāng 江 将（将来；将 jiàng 领） 姜 浆（泥浆；浆 jiàng 糊） 僵 疆 / 缰

jiǎng 讲 奖 桨 / 蒋

jiàng 匠 降（降落；投降 xiáng） 将 强 酱 虹

jiāo 交 郊 浇 娇 骄 胶 教 椒 焦 蕉 / 礁 // 跤

jiáo 嚼（嚼烂；咀嚼 jué；倒嚼 jiào）

jiǎo 角（牛角；角 jué 斗） 狡 饺 绞 脚 搅 缴 / 侥 矫 剿（剿匪；剿 chāo 说）

jiào 叫 觉（睡觉；感觉 jué） 教（教育；教 jiāo 书） 校（校对；学校 xiào） 轿 较（统读） 嚼 / 窖 酵（统读）

jiē 节（节骨眼；节 jié 约） 阶 皆 结（结实；结 jié 构） 接 揭 街 / 秸

jié 节 劫 杰 洁 结 捷 截 竭 // 睫

jiě 姐 解（解开；解 jiè 款；姓解 xiè）

jiè 介 戒 届 界 借 解 / 芥（芥菜；芥 gài 蓝菜） 诫

jīn 巾 斤 今 金 津 筋 禁 / 襟

jǐn 仅 尽（尽管；尽 jìn 力） 紧 锦 谨

jìn 尽 进 近 劲（劲头；劲 jìng 敌） 晋 禁（禁止；不禁 jīn） 浸（统读）// 靳

jīng 茎 京 经 惊 晶 睛 精 / 荆 兢 鲸 // 粳

jǐng 井 颈（头颈；脖颈 gěng） 景 警 / 阱

jìng 劲 径 净 经 竞 竟 敬 静 境 镜 / 靖

jiǒng / 窘 // 炯

jiū 纠 究 揪 / 鸠

jiǔ 九 久 酒 / 玖 灸 韭

jiù 旧 救 就 舅 / 臼 疚

jū 车 拘 居 据（拮据；根据 jù） 鞠 / 驹 // 掬

jú 局 菊 橘

jǔ 柜 矩 举 / 沮（沮丧；沮 jù 洳）

jù 巨 句（句子；gōu 同“勾”） 据 具 俱 剧 拒 距 惧 锯 聚 / 炬 沮

ju 矩

juān 捐 / 鹃
juǎn 卷（卷起；卷 juàn 宗）
juàn 卷 倦 绢 圈（羊圈；圆圈 quān）/ 眷
juē // 撅
jué 决 角 觉 绝 嚼 脚 掘 / 诀 倔 爵 // 厥 蕨 攫
juè / 倔（倔头倔脑；倔 jué 强）
jūn 军 均 龟 君 菌（细菌；菌 jùn 子）/ 钧
jùn 俊（统读） 菌 / 峻 骏 竣 // 郡

k

kā / 咖
kǎ 卡
kāi 开 / 揩（统读）
kǎi 凯 慨（统读）/ 楷
kān 刊 看（看守；看 kàn 见） 堪 / 勘
kǎn 砍 / 坎
kàn 看
kāng 康 糠 / 慷
káng 扛
kàng 抗 炕
kǎo 考 烤 / 拷
kào 靠 / 铐
kē 科 棵 颗 / 坷（坷垃；坎坷 kě） 苛 呵 磕 蝌
ké 壳（壳儿；地壳 qiào） 咳
kě 可（可以；可 kè 汗） 渴 / 坷
kè 可 克 刻 客 课 // 恪
kěn 肯 垦 恳 / 啃
kēng 坑 / 吭
kōng 空（天空；空 kòng 白）
kǒng 孔 恐
kòng 空 控
kōu / 抠 // 眍
kǒu 口

kòu 扣 寇 // 叩
kū 枯 哭 / 窟
kǔ 苦
kù 库 裤 酷
kuā 夸
kuǎ 垮
kuà 挎 跨 / 胯
kuài 会 块 快 / 筷
kuān 宽
kuǎn 款
kuāng 筐
kuáng 狂
kuàng 旷 况 矿 框（统读）/ 眶
kuī 亏 / 盔 窥
kuí 葵 / 魁 // 睽
kuǐ / 傀（统读）
kuì 愧 / 溃（溃败，溃 huì 脓）
kūn 昆 / 坤
kǔn 捆
kùn 困
kuò 扩 括 阔 / 廓

l

lā 拉（拉车；拉 lá 了个口；半拉 lǎ；拉 là 下） 垃 啦 // 邋
lá 拉
lǎ 拉 喇
là 落 腊（腊月；腊 xī，干肉） 蜡 辣
la 啦
lái 来 / 莱
lài 赖 / 癞
lán 兰 拦 栏 蓝（蓝色；苤蓝 lan） 篮 / 澜 // 褴
lǎn 览 懒 / 揽 缆 榄
làn 烂 滥

láng 郎 狼 廊 / 琅（统读） 榔
lǎng 朗
làng 郎 浪
lāo 捞（统读）
láo 劳 牢 / 唠
lǎo 老 姥
lào 络（络子；脉络 luò） 涝 落 烙（烙铁；炮烙 luò）/ 酪
lè 乐（快乐；音乐 yuè） 勒（勒索；勒 lēi 紧点）
le 了（语气词；了 liǎo 解）
lēi 勒
léi 雷 累（累赘；累 lěi 积；劳累 lèi）/ 擂（擂钵；擂 lèi 台）// 镭 羸
lěi 垒 累 / 蕾 儡
lèi 泪 类 累 / 肋 擂
léng / 棱 楞
lěng 冷
lī / 哩
lí 厘 狸 离 梨 犁 璃 黎 / 漓 篱
lǐ 礼 李 里 理 / 鲤
lì 力 历 厉 立 丽 励 利 例 隶 栗 粒 / 吏 沥 荔 俐 莉 砾 雳 痢
liǎ 俩（夫妇俩；伎俩 liǎng）
lián 连 怜 帘 莲 联 廉 镰
liǎn 脸 / 敛
liàn 练 炼 恋 链
liáng 良 凉（凉快；凉 liàng 一凉） 梁 量 粮 粱
liǎng 两
liàng 亮 凉 谅 辆 量 / 晾
liang 量（打量；大量 liàng；测量 liáng）
liāo / 撩（撩开；撩 liáo 拨）
liáo 辽 疗 僚 / 聊 寥 撩 嘹 缭 燎 寥
liǎo 了 / 潦 燎（头发燎了；燎 liáo 原）
liào 料 / 镣 // 撂 瞭
liē / 咧（大大咧咧）
liě / 咧（咧嘴）

liè　列 劣（统读） 烈 猎 裂

līn　拎

lín　邻 林 临 淋（淋浴；淋 lìn 病）/ 琳 磷 鳞 // 霖

lǐn　/ 凛 檩

lìn　淋 / 吝 赁 躏

líng　令（姓令；一令 lǐng 纸；命令 lìng） 伶 灵 铃 陵 零 龄 / 玲 凌 菱 蛉（统读） 翎 棱（穆棱；棱 léng 角）

lǐng　令 岭 领

lìng　另 令

liū　溜（溜冰；溜 liù 马）

liú　刘 留 流 榴 / 琉 硫 馏（蒸馏；馏 liù 馒头） 瘤

liǔ　柳 // 绺

liù　六（六个；六 lù 安） 陆 碌 溜 / 馏

lōng　隆

lóng　龙 聋 笼 隆 / 咙 胧 窿

lǒng　拢 垄 笼（笼罩；笼 lóng 子）// 陇

lòng　弄（里弄；弄 nòng 开）

lōu　搂（搂柴火；搂 lǒu 抱）

lóu　楼 / 娄

lǒu　搂 / 篓

lòu　漏 露 / 陋

lú　芦 炉 / 卢 颅

lǔ　芦 虏 鲁 / 卤 // 掳

lù　六 陆（陆地；liù“六”的大写） 录 鹿 绿 碌（忙碌；碌 liù 碡） 路 露（露水；露 lòu 面）/ 赂 // 麓 禄

luán　/ 峦 // 孪

luǎn　卵

luàn　乱

lüè　掠 略

lūn　/ 抡（抡拳；抡 lún 材“选拔”意）

lún　论（论语；理论 lùn） 轮 / 仑 伦 抡 沦

lùn　论

luō　啰

luó　罗 萝 锣 箩 骡 螺 / 逻

luǒ　/ 裸

luò　骆 络 落（降落；落 lào 色；丢三落 là 四）/ 洛 烙 // 摞

lǘ　驴

lǚ　旅 屡 / 吕 侣 铝 缕 履 // 褛

lǜ　律 虑 率 绿（绿色；绿 lù 林） 滤 // 氯

m

mā　妈 抹 摩（摩挲；摩 mó 擦）

má　麻 / 蟆

mǎ　马 吗（吗啡；ma 语气词） 码 蚂 / 玛

mà　骂

ma　吗

mái　埋（埋葬；埋 mán 怨）

mǎi　买

mài　迈 麦 卖 脉（脉络；脉 mò 脉）

mán　埋 蛮 馒 瞒 // 鳗

mǎn　满

màn　漫 慢 / 曼 蔓 幔

máng　芒 忙 盲 茫 / 氓

mǎng　/ 莽

māo　猫

máo　毛 矛 茅 / 锚

mǎo　/ 铆 // 卯

mào　茂 冒 贸 帽 貌 // 袤

me　么

méi　没（没有；没 mò 落） 眉 梅 煤 霉 / 玫 枚 媒 楣

měi　每 美 // 镁

mèi　妹 / 昧 媚

mēn　闷（闷热；苦闷 mèn）

mén　门

mèn　闷

men　们

mēng　蒙（蒙骗；启蒙 méng；蒙 měng 古）

méng　萌 蒙 盟 / 檬 朦 // 虻

měmg　猛 蒙 / 艋（艋鸡特 Měngjītè，地名）

mèng　孟 梦

mī　眯（眯缝；眯 mí 了眼）/ 咪

mí　迷 眯 谜 / 弥 靡（靡费；风靡 mǐ） 糜

mǐ　米 / 靡

mì　秘 密 蜜 / 觅 泌 // 幂

mián　眠 绵 棉

miǎn　免 勉 / 娩（统读） 冕 缅

miàn　面

miáo　苗 描 / 瞄

miǎo　秒 / 渺 藐

miào　妙 庙

miè　灭 蔑 // 篾

mín　民

mǐn　敏 / 皿 闽 悯 // 抿

míng　名 明 鸣 / 铭 螟 // 茗

mìng　命

miù　/ 谬（统读）

mō　摸

mó　模（模范；模 mú 样） 膜 摩 磨（磨炼；磨 mò 坊） 魔 / 馍 摹 蘑

mǒ　抹（涂抹；抹 mò 墙；抹 mā 桌子）

mò　万（复姓“万俟”；千万 wàn） 末 没 抹 沫 脉 莫 漠 墨 默 磨 / 茉 陌 寞 // 蓦

móu　谋 // 眸

mǒu　某

mú　模

mǔ　母 亩 / 牡 拇 姆

mù　木 目 牧 墓 幕 慕 暮 / 沐 募 睦 穆

n

nā　那（姓氏；那 nà 里；那 nèi 个，口语中使用）

ná　拿

nǎ 哪（哪儿；na 语气词；哪 né 吒；哪 něi 年）

nà 那 纳 / 呐 钠 娜（人名；袅娜 nuó） 捺

na 哪

nǎi 乃 奶 // 氖

nài 耐 / 奈

nán 男 南 难（艰难；灾难 nàn）

nàn 难

nāng 囊（囊膪；囊 náng 肿）

náng 囊

náo 挠 // 蛲

nǎo 恼 脑

nào 闹

né 哪

ne 呢（语气词；呢 ní 子）

něi / 馁（统读）

nèi 内

nèn 嫩 // 恁

néng 能

ní 尼 呢 泥（泥土，拘泥 nì） 倪

nǐ 你 / 拟

nì 泥 逆 / 昵 匿 腻 溺

niān / 蔫 // 拈

nián 年 粘 // 鲇 黏

niǎn / 捻 撵 碾

niàn 念

niáng 娘

niàng 酿

niǎo 鸟

niào 尿（撒尿；尿 suī 脬）

niē 捏

niè / 聂 镊 孽 // 嗫 蹑

nín 您

níng 宁（安宁；宁 nìng 可） 凝 / 狞 柠

nǐng　/拧

nìng　宁/泞

niú　牛

niǔ　扭 纽/钮

niù　拗

nóng　农 浓/脓

nòng　弄（玩弄；弄 lòng 堂）

nú　奴

nǔ　努

nù　怒

nǚ　女

nuǎn　暖

nüè　/疟（疟疾；发疟 yào 子）虐

nuó　挪/娜

nuò　/诺 懦 糯

o

ōu　区 欧/殴 鸥

ǒu　偶/呕 藕

p

pā　趴

pá　扒 爬/耙//杷 琶

pà　怕/帕

pāi　拍

pái　排（排列；排 pǎi 子车）牌/徘

pǎi　迫（迫击炮；紧迫 pò）排

pài　派/湃（统读）

pān　番 攀/潘

pán　胖（心宽体胖；肥胖 pàng）盘//蹒

pàn　判 盼 叛/畔

pāng　乓 膀//滂

páng　旁 膀/庞 磅 螃

pàng 胖
pāo 抛 泡（眼泡；泡 pào 沫）
páo 炮 袍 / 刨 咆
pǎo 跑（跑步；虎跑 páo 寺）
pào 泡 炮
pēi / 胚
péi 陪 培 赔 / 裴
pèi 佩 配 / 沛
pēn 喷（喷泉；喷 pèn 香；噴喷 pen）
pén 盆
pèn 喷
pen 喷
pēng / 砰 烹
péng 棚 硼 蓬 篷
pěng 捧
pèng 碰
pī 批 披 劈（劈木头；劈 pǐ 柴）/ 坯 霹
pí 皮 疲 脾 / 啤
pǐ 匹 否 劈 // 癖
pì 辟 僻 / 屁 譬
piān 片（相片儿；一片 piàn） 扁 偏 篇 / 翩
pián 便
piàn 片 骗
piāo 漂（漂泊；漂 piǎo 白；漂 piào 亮） 飘 // 剽
piáo 朴 / 瓢
piǎo 漂 // 瞟
piào 票 漂
piē 撇（撇开；撇 piě 嘴）// 瞥
piě 撇
pīn 拼
pín 贫 / 频
pǐn 品
pìn / 聘

pīng 乒

píng 平 评 苹 凭 瓶 萍/冯 坪 屏（屏风；屏 bǐng 除）

pō 朴 坡 泊 泼/颇

pó 婆/繁（姓）

pò 朴（厚朴；朴 pǔ 素；朴 pō 刀；姓朴 piáo） 迫 破 魄

pōu 剖

pū 仆（前仆后继；仆 pú 从） 扑 铺（铺张；铺 pù 子）

pú 仆 葡/菩 脯 蒲

pǔ 圃 浦 普

pù 铺 堡 暴/瀑

q

qī 七 妻 戚 期 欺 漆/柒 栖 凄 嘁//沏

qí 齐 其 奇 骑 棋 旗/歧 祈 荠 脐 畦 崎 鳍

qǐ 乞 岂 企 启 起/稽//绮 杞

qì 气 弃 汽 砌 器/迄 泣 契

qiā /掐

qiǎ 卡（发卡；卡 kǎ 片）

qià 洽 恰

qiān 千 迁 牵 铅 谦 签//悭

qián 前 钱 钳 潜/乾黔

qiǎn 浅（浅显；浅 jiān 浅） 遣/谴

qiàn 欠 纤（拉纤；纤 xiān 维） 歉/嵌

qiāng 枪 腔/呛（呛着了；够呛 qiàng）

qiáng 强（强大；强 qiǎng 迫；倔强 jiàng） 墙

qiǎng 抢 强

qiàng /呛//跄

qiāo 悄（静悄悄；悄 qiǎo 然） 雀（雀子；麻雀 què） 锹 敲/跷//橇

qiáo 乔 侨 桥 瞧/荞 翘（翘首；翘 qiào 尾巴） 憔

qiǎo 巧 悄

qiào 壳/峭 窍 翘 撬//俏

qiē 切（切开；切 qiè 实）

qié 茄（茄子；雪茄 jiā）

qiě 且

qiè 切 窃 / 怯 // 妾

qīn 侵 亲（亲属；亲 qìng 家）/ 钦

qín 芹 琴 禽 勤 / 秦 擒 // 噙

qǐn / 寝

qìn // 沁

qīng 青 轻 倾 清 蜻 / 氢 卿

qíng 情 晴 / 擎

qǐng 顷 请

qìng 庆 亲 // 罄

qióng 穷 / 琼 // 穹

qiū 丘 龟 秋 / 蚯 // 邱

qiú 仇 求 球 / 囚 // 虬 裘

qū 区（区别；姓区 ōu） 曲（弯曲；歌曲 qǔ） 驱 屈 趋 / 岖 蛆 躯 // 黢 祛

qú 渠 // 瞿

qǔ 取 / 娶 // 龋

qù 去 趣

quān 圈（圆圈；猪圈 juàn；圈 juān 住）

quán 权 全 泉 拳 / 痊 // 蜷

quǎn 犬

quàn 劝 券（入场券）

quē 缺

qué / 瘸

què 却 雀 确 鹊

qún 裙 群

r

rán 然 燃

rǎn 染

rāng 嚷（嚷嚷；叫嚷 rǎng）

ráng / 瓤

rǎng 壤 嚷 / 攘

ràng 让

ráo 饶

rǎo 扰

rào 绕

rě 惹

rè 热

rén 人 仁 任（姓任；任 rèn 务）

rěn 忍

rèn 刃 认 任 / 纫 韧 // 妊

rēng 扔

réng 仍

rì 日

róng 荣 绒 容 熔 融 / 茸 蓉 溶 榕

rǒng 冗

róu 柔 揉 / 蹂

ròu 肉

rú 如 / 儒 蠕 // 茹 孺

rǔ 乳 / 辱 // 汝

rù 入 / 褥

ruǎn 软

ruǐ / 蕊

ruì 锐 瑞 // 睿

rùn 润 / 闰

ruò 若 弱

S

sā 撒（撒网；撒 sǎ 种）

sǎ 洒 撒

sà / 飒 萨

sāi 塞（塞子；要塞 sài；阻塞 sè）/ 腮 // 鳃

sài 塞 赛

sān 三 / 叁

sǎn 伞 散（懒散；散 sàn 会）

sàn 散

sāng　丧（丧事；丧 sàng 失）　桑

sǎng　嗓

sàng　丧

sāo　/ 搔 骚 臊 // 缫

sǎo　扫（扫地；扫 sào 帚）　嫂

sào　扫 / 臊

sè　色（颜色；落色 shǎi 儿）　塞 / 涩 瑟

sēn　森

sēng　/ 僧

shā　杀 沙 纱 / 杉 刹（刹车；古刹 chà）　砂 煞（煞车；煞 shà 费苦心）

shá　/ 啥

shǎ　傻

shà　厦（大厦；厦 xià 门）/ 煞 霎

shāi　筛

shǎi　色

shài　晒

shān　山 删 衫 扇（扇动；扇 shàn 子）　杉（杉树；杉 shā 木）　苫 珊 栅（栅极；栅 zhà 栏）

shǎn　闪 陕 / 掺

shàn　单 扇 善 / 苫 擅 膳 赡 // 缮

shāng　伤 商 // 墒

shǎng　上 晌 赏

shàng　上（上面；上 shǎng 声）　尚

shang　裳

shāo　捎 烧 梢 稍（稍微；稍 shào 息）

sháo　勺 / 芍

shǎo　少（多少；少 shào 年）

shào　少 绍 捎 哨 稍

shē　/ 奢 赊

shé　舌 折 蛇（毒蛇；委蛇 yí）

shě　舍（舍弃；宿舍 shè）

shè　设 社 舍 射 涉 摄 / 赦 // 慑 麝

shéi　谁

shēn　申 伸 身 参 深 / 呻 绅 // 娠 砷

shén 什（什么；什 shí 锦） 神

shěn 沈（姓沈；chén 同“沉”） 审 婶

shèn 肾 甚 渗 慎 // 蜃

shēng 升 生 声 牲 / 笙 甥

shéng 绳

shěng 省（省略；反省 xǐng）

shèng 圣 胜 乘 盛（昌盛；盛 chéng 饭） 剩

shi 匙 殖

shī 尸 失 师 诗 狮 施 湿 / 虱

shí 十 什 石（石头；一石 dàn 米） 时 识 实 拾 食（食品；sì“喂养”） 蚀

shǐ 史 使 始 驶 / 矢 屎

shì 士 氏 示 世 市 式 似 势 事 侍 饰 试 视 柿 是 适 室 逝 释 誓 / 拭 恃 嗜

shōu 收

shóu 熟（饭熟了，口语；成熟 shú）

shǒu 手 守 首

shòu 寿 受 授 售 兽 瘦

shū 书 叔 殊 梳 舒 疏 输 蔬 / 抒 枢 淑

shú 熟 / 秫 赎

shǔ 暑 属（属于；属 zhǔ 望） 鼠 数（数一数；数 shù 目，数 shuò 见不鲜） 薯 / 黍 署 蜀 曙

shù 术（技术；白术 zhú） 束 述 树 竖 数 / 恕 庶 墅 漱 // 戍

shuā 刷

shuǎ 耍

shuāi 衰（衰弱；鬓毛衰 cuī） 摔

shuǎi 甩

shuài 帅 率（率领；效率 lǜ） / 蟀

shuān 拴 / 栓

shuàn / 涮

shuāng 双 霜 // 孀

shuǎng 爽

shuǐ 水

shuì 说 税 睡

shǔn / 吮

shùn 顺/瞬//舜

shuō 说（说话；游说 shuì；yuè 同“悦”）

shuò 数/烁 硕

sī 司 丝 私 思 斯 撕/嘶

sǐ 死

sì 四 寺 似（相似；似 shi 的） 饲 肆/伺（伺机，伺 cì 候）

sòu 嗽

sōu 搜 艘

sōng 松

sǒng /耸

song 宋 送 诵 颂/讼

sū 苏/酥

sú 俗

sù 诉 肃 素 速 宿（宿舍；一宿 xiǔ；星宿 xiù） 塑 缩/粟 溯//簌

suān 酸

suàn 蒜 算

suī 尿 虽

suí 随/遂//绥

suǐ /髓

suì 岁 碎 穗/祟 遂（遂心；半身不遂 suí） 隧

sūn 孙

sǔn 损 笋

suō 缩/唆 梭 嗦//娑

suǒ 所 索 锁/琐

t

tā 他 它 她 塌

tǎ 塔//獭

tà 踏（踏步；踏 tā 实）/拓 蹋

tāi /苔（舌苔；青苔 tái） 胎

tái 台 抬/苔

tài 太 态 泰/汰

tān 贪 摊 滩/瘫

tán　坛 谈 弹 痰 / 昙 谭 潭 檀

tǎn　坦 毯 / 袒

tàn　叹 炭 探 / 碳

tāng　汤 趟（趟水；一趟 tàng）

táng　唐 堂 塘 膛 糖 / 棠 搪

tǎng　倘（倘若；倘 cháng 佯） 躺 / 淌

tàng　烫 趟

tāo　叨 涛 掏 滔

táo　逃 桃 陶 萄 淘

tǎo　讨

tào　套

tè　特

téng　疼 腾 / 誊 藤 // 滕

tī　梯 踢 / 剔

tí　提（提升；提 dī 防） 题 蹄 / 啼

tǐ　体

tì　剃 惕 替 / 屉 涕

tiān　天 添

tián　田 甜 填 / 恬

tiǎn　/ 舔

tiāo　挑（挑水；挑 tiǎo 拨）

tiáo　条 调（调和；调 diào 查）/ 笤

tiǎo　挑

tiào　跳

tiē　帖（妥帖；请帖 tiě；字帖 tiè） 贴

tiě　帖 铁

tiè　帖

tīng　厅 听

ting　亭 庭 停 蜓 / 廷

tǐng　挺 艇

tōng　通（通过；说了一通 tòng）

tóng　同（同样；胡同 tòng） 桐 铜 童 / 彤 瞳 // 佟

tǒng　统 桶 筒 / 捅

tòng　同 通 痛

tōu　偷

tóu　头 投

tòu　透

tū　秃 突 / 凸

tú　图 徒 途 涂 屠

tǔ　土 吐（吐痰；呕吐 tù）

tù　吐 兔

tuān　// 湍

tuán　团

tuī　推

tuí　/ 颓

tuǐ　腿

tuì　退 / 蜕 褪

tūn　吞

tún　屯 / 囤 臀

tùn　/ 褪（把袖子褪下来；褪 tuì 色）

tuō　托 拖 脱

tuó　驼 / 驮（驮粮食；驮 duò 子）

tuǒ　妥 / 椭

tuò　/ 拓（开拓；拓片 tà） 唾

W

wā　挖 蛙 / 洼

wá　娃

wǎ　瓦（瓦房；瓦 wà 刀）

wà　瓦 袜

wāi　歪

wài　外

wān　弯 湾 / 豌

wán　丸 完 玩 顽

wǎn　挽 晚 碗 / 宛 惋 婉 // 皖

wàn　万 / 腕 蔓（瓜蔓；蔓 màn 延；蔓 mán 菁）

wāng 汪
wáng 亡 王
wǎng 网 往/枉
wàng 妄 忘 旺 望
wēi 危 威 微/偎 薇 巍
wéi 为（行为；为 wèi 了） 违 围 唯（唯一；唯唯 wěi wěi 诺诺） 维/桅//韦
wěi 伟 伪 尾（尾巴；马尾 yǐ 儿） 委（委托；委 wēi 蛇）/苇 纬 萎 娓 猥 唯
wèi 卫 为 未 位 味 畏 胃 喂 慰/谓 尉（尉官；尉 yù 迟） 猬 蔚 魏
wēn 温/瘟
wén 文 纹 闻 蚊
wěn 稳/吻 紊
wèn 问
wēng 翁/嗡
wèng /瓮
wō 窝/涡 蜗
wǒ 我
wò 沃 卧 握
wū 乌（乌鸭；乌 wù 拉草） 污 呜 屋/巫 诬
wú 无 吴/芜 梧 蜈//吾
wǔ 五 午 伍 武 侮 舞/捂 鹉
wù 勿 乌 务 物 误 恶 悟 雾/坞 晤

X

xī 夕 西 吸 希 析 牺 息 悉 惜 稀 锡 溪 熄 膝/昔 晰 犀 熙 嬉 蟋
xí 习 席 袭/媳
xǐ 洗 喜/铣 徙
xì 戏 系（系统；系 jì 鞋带） 细 隙
xiā 虾 瞎
xiá 峡 狭 霞/匣 侠 暇 辖
xià 下 吓（吓唬；恐吓 hè） 夏 厦
xiān 仙 先 纤 掀 鲜（新鲜；鲜 xiǎn 见） 锨
xián 闲 贤 弦 咸 衔 嫌/涎 舷
xiǎn 显 冼 险 鲜/铣

xiàn 县 现 限 线 宪 陷 馅 羡 献 / 腺

xiāng 乡 相（互相；相 xiàng 貌） 香 箱 / 厢 湘 镶

xiáng 详 降 祥 / 翔

xiǎng 享 响 想 // 饷

xiàng 向 项 巷（小巷；巷 hàng 道） 相 象 像 橡

xiāo 削（削皮；剥削 xuē） 消 宵 销 / 萧 硝 萧 嚣

xiáo / 淆

xiǎo 小 晓

xiào 孝 校 笑 效 / 肖 哮 啸

xiē 些 歇 / 楔 蝎

xié 叶 协 邪 胁 携 鞋 / 挟 谐 // 斜 缬

xiě 写 血

xiè 泄 泻 卸 解 屑 械 谢 / 懈 蟹

xīn 心 辛 欣 新 薪 / 芯（灯芯，芯 xìn 子） 锌 // 馨

xìn 信 / 芯 衅

xīng 兴（兴旺；兴 xìng 趣） 星 腥 / 猩

xíng 刑 行（步行；行 háng 列） 形 型 / 邢

xǐng 省 醒

xìng 兴 杏 幸 性 姓

xiōng 凶 兄 胸 / 匈 汹

xióng 雄 熊

xiū 休 修 羞

xiǔ 朽 宿

xiù 秀 臭 袖 绣 宿 锈 / 嗅

xū 须 虚 需 / 吁（长吁短叹；呼吁 yù） // 嘘

xú 徐

xǔ 许

xù 序 叙 畜（畜牧，畜 chù 牲） 绪 续 絮 蓄 / 旭 恤 酗 婿

xuān 宣 / 轩 喧

xuán 悬 旋（旋转；旋 xuàn 风） / 玄 漩

xuǎn 选 / 癣

xuàn 券 旋 / 炫

xuē 削 / 靴 薛

xué　穴 学

xuě　雪

xuè　血（血液；流了一点血 xiě）

xūn　/ 勋 熏（熏肉；别熏 xùn 着了）// 薰

xún　旬 寻 巡 询 循

xùn　训 汛 迅 / 汛 驯 逊 殉 熏

y

yā　压 呀 押 鸦 哑 鸭 // 桠

yá　牙 芽 崖 / 蚜 涯 衙

yǎ　哑（哑巴；咿哑 yā） 雅

yà　轧（轧棉花；轧 zhá 钢） 亚（统读） 压 / 讶

ya　呀（语气助词；作叹词念 yā）

yān　咽（咽喉；吞咽 yàn；呜咽 yè） 烟 淹 燕 / 殷（殷红；殷 yīn 勤） 腌 // 焉

yán　延 严 言 岩 炎 沿 研 盐 铅（铅山；铅 qiān 笔） 颜 / 阎 蜒 檐

yǎn　掩 眼 演 / 奄 衍

yàn　厌 咽 艳 宴 验 雁 焰 燕（燕子；姓燕 yān）/ 砚 唁 谚 堰

yāng　央 殃 秧 / 鸯

yang　扬 羊 阳 杨 洋

yǎng　仰 养 氧 痒

yàng　样 / 漾

yāo　妖 要 腰 邀 / 夭 吆

yáo　窑 谣 摇 遥 / 侥 肴 姚

yǎo　咬 / 舀

yào　药 要（需要；要 yāo 求） 钥 耀 / 疟

yē　/ 掖（掖在口袋里；奖掖 yè） 椰 // 噎

yé　邪 爷

yě　也 冶 野

yè　业 叶（树叶；叶 xié 韵） 页 液 咽 液 / 掖 谒 腋 // 曳

yī　一 衣 医 依 椅 / 伊 揖 壹

yí　仪 宜 姨 移 遗（遗失；遗 wèi 赠） 疑 / 夷 胰

yǐ　乙 已 以 尾 蚁 倚 椅

yì　亿 义 议 艺 忆 亦 异 役 译 易 疫 益 谊 意 毅 翼 / 艾 屹 抑 邑 绎 奕 逸 肄 溢 //

弋 刈 熠

yīn 因 阴 音 姻 / 茵 殷

yín 银 / 吟 淫 // 寅

yǐn 引 饮（饮食；饮 yìn 马）/ 蚓 瘾 // 尹 隐

yìn 印 饮

yīng 应（应该；应 yìng 用） 英 樱 鹰 / 莺 婴 缨 鹦 // 膺

yíng 迎 盈 营 蝇 赢 / 荧 莹 萤

yǐng 影 / 颖

yìng 应 映 硬

yō 育 / 哟

yo / 哟

yōng 佣（佣工；佣 yòng 金） 拥 庸 // 壅

yǒng 永 咏 泳 勇 涌 / 蛹 踊

yòng 用 佣

yōu 优 忧 悠 / 幽

yóu 尤 由 邮 犹 油 游 // 铀

yǒu 友 有（没有；yòu 同“又”）// 酉 黝

yòu 又 右 幼 有 诱 / 佑 // 釉

yū / 迂 淤

yú 于 余 鱼 娱 渔 愉 榆 愚 / 隅 逾 舆 // 俞 虞

yǔ 与（赠与；参与 yù） 予 屿 宇 羽 雨 语 // 禹

yù 与 玉 育 狱 浴 预 域 欲 遇 御 裕 愈 誉 / 芋 吁 郁 尉 喻 寓 蔚 豫 // 谕

yuān 冤 / 鸳 渊

yuán 元 园 员 原 圆 援 源 / 袁 猿 辕 // 缘

yuǎn 远

yuàn 怨 院 愿 // 苑

yuē 约

yuè 月 乐 钥（锁钥；钥 yào 匙） 阅 悦 跃 越 / 岳 粤

yūn 晕（头晕；晕 yùn 车）

yún 云 匀 员（古人名；学员 yuán；姓员 yùn）/ 耘

yǔn 允 / 陨

yùn 孕 运 员 晕 韵 / 酝 蕴

z

zā 扎（编扎；扎 zhā 针）// 咂

zá 杂 / 砸

zāi 灾 栽

zǎi 载（登载；载 zài 重） 宰 // 崽

zài 再 在 载

zán 咱

zǎn / 攒（积攒；攒 cuán 动）

zàn 暂 赞

zāng 脏（肮脏；内脏 zàng）/ 赃

zàng 脏 葬 藏

zāo 遭 糟

záo / 凿

zǎo 早 枣 澡 / 蚤 藻

zào 皂 灶 造 燥 躁 / 噪

zé 则 责 择（选择；择 zhái 菜） 泽

zè // 仄

zéi 贼

zěm 怎

zēng 曾（曾祖；曾 céng 经） 增 // 憎（统读）

zèng 赠

zhā 扎（扎针；挣扎 zhá） 查 渣 / 喳

zhá 扎 轧 闸 炸（炸糕；炸 zhà 弹）// 铡

zhǎ 眨

zhà 炸 榨 / 乍 诈 栅

zhāi 摘 / 斋

zhái 宅 择

zhǎi 窄

zhài 债 寨

zhān 占（占卜；占 zhàn 领） 沾 粘（粘贴；粘 nián 液）/ 毡 瞻

zhǎn 斩 盏 展 崭

zhàn 占 战 站 颤 / 栈 绽 蘸

zhāng 张 章 / 彰 樟

zhǎng　长 涨（涨价；涨 zhàng 红了脸）// 掌
zhàng　丈 仗 帐 帐 涨 障 / 杖 账
zhāo　招 着 朝 / 昭
zháo　着（着凉；着 zhuó 力；高着 zhāo 儿；站着 zhe）
zhǎo　爪 找 / 沼
zhào　召（召开；姓召 shào） 兆 赵 昭 罩
zhē　折 遮
zhé　折（转折；折 shé 本；折腾 zhē） 哲 / 辙 // 谪
zhě　者 // 褶
zhè　这（书面语；口语中念 zhèi） 浙 / 蔗
zhe　着
zhēn　贞 针 侦 珍 真 / 斟 榛 // 臻
zhěn　诊 枕 / 疹
zhèn　阵 振 震 镇
zhēng　正（正月；正 zhèng 面） 争 征 挣 症（症状；急症 zhèng） 睁 筝 蒸 / 怔 狰
zhěng　整 / 拯
zhèng　正 证 郑 政 挣（挣钱；挣 zhēng 扎） 症
zhī　之 支 只（一只；只 zhǐ 有） 汁 芝 枝 知 肢 织 脂 蜘 / 吱
zhí　执 直 侄 值 职 植 殖
zhǐ　止 只 旨 址 纸 指 / 趾 // 咫
zhì　至 志 识 帜 制 质 治 致 秩 智 置 / 挚 掷 窒 滞 稚
zhōng　中（中心；中 zhòng 肯） 衷 // 忠 终 钟 盅
zhǒng　肿 种（种子；种 zhòng 地）// 冢
zhòng　中 众 种 重（重量；重 chóng 复）// 仲
zhōu　舟 州 周 洲 粥
zhóu　/ 轴（轴心；压轴 zhòu 戏）
zhǒu　/ 肘 帚
zhòu　宙 昼 皱 骤 / 咒 轴
zhū　朱 珠 株 诸 猪 蛛 // 诛
zhú　术 竹 逐 烛
zhǔ　主 煮 属 嘱 / 拄 // 瞩
zhù　助 住 注 驻 柱 祝 著（著作）// 铸 筑 贮 蛀
zhuā　抓

zhuǎ 爪（爪子；爪 zhǎo 牙）

zhuān 专 砖

zhuǎn 转（转变；转 zhuàn 悠）

zhuàn 传 转 赚 / 撰 // 篆

zhuāng 庄 装 / 妆 桩

zhuàng 壮 状 撞 / 幢

zhuī 追 / 椎（椎骨；椎 chuí 心泣血） 锥

zhuì / 坠 缀 赘

zhūn 谆

zhǔn 准

zhuō 捉 桌 / 拙

zhuó 浊 涿 着 / 灼 茁 酌 琢 卓

zī 姿 资 滋 / 吱 咨

zǐ 子 仔 紫 / 姊 籽 滓

zì 自 字

zi 子

zōng 宗 棕 踪 / 综 // 鬃

zǒng 总

zòng 纵

zǒu 走

zòu 奏 / 揍

zū 租

zú 足 族 / 卒

zǔ 阻 组 祖 / 诅

zuān 钻（钻研；钻 zuàn 石）

zuàn 钻 // 攥

zuǐ 嘴

zuì 最 罪 醉

zūn 尊 遵

zuō 作（作坊；工作 zuò）

zuó 昨 / 琢

zuǒ 左 / 撮 // 佐

zuò 作 坐 座 做

附二　普通话水平测试用说话题目 30 个

普通话水平测试最后一题为说话题（40 分），总共 30 个话题。测试的时候从 30 个话题中随机抽取 2 个。考生从抽到的 2 个话题中任选 1 个进行说话测试即可。30 个说话题目是对命题说话范围的确定，并不限定命题说话的具体内容。

以下是 30 个说话题目：

1. 我的愿望（或理想）
2. 我的学习生活
3. 我尊敬的人
4. 我喜爱的动物（或植物）
5. 童年的记忆
6. 我喜爱的职业
7. 难忘的旅行
8. 我的朋友
9. 我喜爱的文学（或其他）艺术形式
10. 谈谈卫生与健康
11. 我的业余生活
12. 我喜欢的季节（或天气）
13. 学习普通话的体会
14. 谈谈服饰
15. 我的假日生活
16. 我的成长之路
17. 谈谈科技发展与社会生活
18. 我知道的风俗
19. 我和体育
20. 我的家乡（或熟悉的地方）
21. 谈谈美食
22. 我喜欢的节日
23. 我所在集体（学校、机关、公司等）
24. 谈谈社会公德（或职业道德）
25. 谈谈个人修养
26. 我喜欢的明星（或其他知名人士）
27. 我喜爱的书刊

28. 谈谈对环境保护的认识
29. 我向往的地方
30. 购物（消费）的感受

主要参考文献

[1] 邢福义 . 普通话培训测试指要（机辅测试版）[M]. 武汉：华中师范大学出版社，2014.

[2] 卓萍，程娟 . 普通话与幼儿教师口语（第二版）[M]. 北京：高等教育出版社，2019.

[3] 王素珍 . 幼儿教师口语训练教程（第二版）[M]. 上海：复旦大学出版社，2013.

[4] 邢向东，兰宾汉 . 现代汉语 [M]. 北京：中华书局，2006.

[5] 袁莉，袁鹏，周光辉 . 普通话口语基础教程（第一版）[M]. 南京：南京师范大学出版社，2018.

[6] 王璐，吴洁茹 . 播音员主持人语音发声手册 [M]. 北京：中国国际广播出版社，2007.

[7] 菀望 . 幼儿教师口语（第一版）[M]. 北京：高等教育出版社，2007.

[8] 李立峰，李晓红 . 普通话口语实训（第一版）[M]. 北京：首都师范大学出版社，2016.

[9] 徐根玉 . 普通话与教师口语 [M]. 武汉：华中师范大学出版社，2012.

[10] 褚香 . 幼儿教师口语 [M]. 南京：南京师范大学出版社，2016.

[11] 张越 . 幼儿教师口语训练教程 [M]. 北京：首都师范大学出版社，2020.

[12] 韦苇 . 点亮心灯：儿童文学精典伴读（第三版）[M]. 上海：复旦大学出版社，2019.

[13] 潘礼平，潘蕾，方朝阳 . 幼儿园教育活动设计与实施案例 [M]. 武汉：华中师范大学出版社，2020.

[14] 贾音 . 幼儿教师口语（第二版）[M]. 长春：东北师范大学出版社，2019.

[15] 王莉，赵玲，卜晓梅 . 普通话与教师口语训练教程 [M]. 北京：北京师范大学出版社，2012.

[16] 董中锋 . 普通话培训测试技法 [M]. 武汉：华中师范大学出版社，2021.